Nombres

FAMOSOS

para tu

Bebé

Sepa por qué le pone a su niño el nombre que elige

EDITORIAL LIBRA, S.A. DE C.V

(c) 1996 por Editorial Libra, S.A. de C.V. Melesio Morales 16, Col. Guadalupe Inn (San Ángel), México 01020, D.F. Tel: 660 55 61 y Fax: 664 14 54.

Idea original, título y temas de contenido: Dra. Gabriela Escalante Greco
Colaboración pagada y remunerada: Joao Floyd - R.A.A.

ISBN: 970 - 606 - 084 - 7

Tercera edición: octubre de 1998

Impreso en México
Printed in Mexico

INTRODUCCIÓN
• • • • • • • • • • • • • • •

Cuenta la anécdota que cierto día llegó a la Oficina del Registro Civil una pareja con un niño recién nacido para obtener su acta de nacimiento. "Quiero que se llame **Renoir**" dijo el orgulloso padre, admirador del pintor impresionista de la vuelta del siglo XX, cuyo apellido se pronuncia *renuá*. "Le voy a dictar".

-No hay necesidad, yo sé hacerlo. Ahorita lo anotamos-, replicó diligente el empleado. Y como por ley no puede borrarse lo anotado en los registros oficiales, el ignorante funcionario inventó un nombre que no pudo cambiar el padre de la criatura y por eso ahora el periodista y conductor de televisión se llama **Renward García Medrano**.

Pero también nos encontramos con casos, en que, por influencia de los medios de comunicación, principalmente, conocemos de personajes con nombres que suenan impresionantes a nuestros oídos y decidimos que sería bonito tener un hijo con un nombre semejante. Aunque su personalidad sea totalmente ajena al apelativo que deseamos ponerle, no dudamos ni un momento, aunque se trate de significados diametralmente opuestos a lo que deseamos.

Y para evitar invenciones desatinadas como ésas, es que Editorial Libra presenta **Nombres famosos para tu bebé.**

El propósito de este libro es ofrecer a usted una relación de nombres propios con su significado, su origen y algunas personalidades que en la Historia los han llevado, inclusive en nuestros días.

Conste que podrá encontrarse con un nombre que le atraiga para bautizar a su futuro vástago y que entre quienes lo han llevado, aparecerá algún villano, (tal vez un Caín o un Atila) pero de eso no tiene la culpa el nombre. Recuerde que a Benito Mussolini sus padres lo bautizaron así en homenaje al patriota mexicano conocido como "El Benemérito de las Américas" y ya sabemos todos lo que resultó.

Diviértase con su familia buscando el apelativo que podría llevar su futuro bautizado, y a la vez conozca lo que quiere decir el que desea poner a su criatura.

Nota Bene: Los nombres incluidos son solamente ejemplos del uso de tales apelativos. No se trata de un diccionario que agote las posibilidades, para que luego no digan "Le faltó fulano" o "No incluyó a mengano". Vale.

ABEL. Hebreo, *hijo* o *llanto*. Personaje bíblico, hijo de Adán y Eva, hermano menor de Caín, fue asesinado por éste./ **Salazar**, actor de cine mexicano, n. en 1910. Hizo unas 40 películas (*Los Tres García, El conde de Montecristo, El renegado blanco*) y después dirigió y produjo. Enfermo, se retiró en 1980.

ABELARDO. Variante de *Eberardo*, del germánico *Eberhard, jabalí*. **Pedro**. Teólogo y filósofo escolástico n. en 1079 en Nantes. Amor imposible de Eloísa, pasó a París a fundar la abadía del Paracleto. Su doctrina dialéctica fue condenada por el Concilio de Sens./ **L. Rodríguez**, presidente de México designado por Plutarco Elías Calles, durante el "maximato" de éste, en 1932-34.

ABRAHAM. Hebreo, *padre excelso*. Patriarca de los judíos. Dios probó su fe pidiéndole que sacrificara a su hijo Isaac, pero al hacerlo, un ángel detuvo su brazo./ **González**, político chihuahuense n. en 1865. Por encargo de Madero, organizó el Partido Antirreeleccionista y fue su secretario de Gobernación. Gobernador de su estado en 1911. Fue asesinado 15 días después que Madero.

ABUNDIO. Latino, *copioso, abundante*. **Martínez**, músico hidalguense n. en 1875. Desde pequeño aprendió a tocar flauta, luego clarinete. Se incorporó a la banda de Velino M. Preza y compuso melodías que llegaron a ser muy populares: valses, polcas, chotises, marchas y danzones.

ADA. Hebreo, *belleza*, o del germánico *de noble estirpe*. **Carrasco**, actriz mexicana n. en 1922. Debutó en 1950 en *La culta dama* de Salvador Novo; hizo teleteatros. En cine, premios por *Sonatas, Nazarín, Los cuervos están de luto* y *Como agua para chocolate*, su última película. Falleció en 1994./ = **o el ardor**, título de la última novela erótica del rusoamericano Vladimir Nabokov.

ADALBERTO. Germánico. *El brillo de la nobleza*. **de Utrecht**, misionero británico n. en Irlanda; archidiácono de la población de su nombre, el concilio de esa ciudad lo envió a predicar al oeste de Alemania en el s. VIII.

ADÁN. Hebreo. *De tierra*, personaje bíblico, el primer hombre, hecho por Dios, de tierra, a su imagen y semejanza, el Sexto Día de la Creación.

ADELA. Germánico, tocaya de Ada. *De noble estirpe*. **Santa**, hija de Dagoberto, rey de Austrasia. Fundó el monasterio de Tréveris del cual fue abadesa./ **Formoso de Obregón Santacilia**, educadora mexicana n. en 1905. Viuda del arquitecto Carlos Obregón Santacilia, fundó la Universidad Femenina, de la que fue directora. Autora de *Espejito de infancia* y *Adolescencia* entre varios más./ **La Adelita**, canción de la época revolucionaria; se desconoce su autor, pero se convirtió en el himno informal de las fuerzas rebeldes.

ADOLFO. Visigodo, derivado de Ataúlfo. *Lobo de noble estirpe*. **Best Maugard**, pintor mexicano n. en 1891. Pasó su juventud en Europa. Regresó durante la Revolución. Dedicado al arte popular, ejerció la docencia. Autor de diversos métodos, influyó en la obra de Tamayo, Leopoldo Méndez y Covarrubias. Introdujo la técnica del "craquelado" de la pintura./ **Girón**, músico potosino n. en 1904. Desde niño demostró cualidades en el piano. Estudió en la Ciudad de México y formó una orquesta infantil. Compuso varias melodías que grabó en Nueva York. Actuó en los filmes *Sobre las olas* y *María Elena*.

ADRIANO. Variante de Adrián, y éste del latino *Hadrianus*, *originario de Hadria*. Emperador romano n. en 76 dC. Combatió insurrecciones de celtas y judíos, construyó caminos y una muralla en Inglaterra que lleva su nombre. Mandó erigir muchos de los principales edificios de Roma.

ÁGATA. Variante de Águeda, griego. *La buena o virtuosa*. **Christie**, seudónimo de Mary Clarissa Miller, escritora inglesa n. en 1890. Autora de novelas de misterio y policiacas, creó a los personajes Hércules Poirot y Miss Marple. Su obra *La ratonera*, se representa en Londres desde hace 50 años sin interrupción.

AGRIPA. Apellido patricio romano. **Marco Vipsanio**, Cónsul romano n. en 63 aC., yerno de Octavio, de brillante carrera militar. Derrotó a Marco Antonio y a Pompeyo. Mandó edificar el Panteón.

AGRIPINA. Latino. *Descendiente de Agripa*. Madre de Nerón, n. en 15. Casada con Claudio, lo mandó asesinar para que su hijo subiera al trono. A su vez, éste la mató./ **Vipsania**, nieta del emperador Augusto n. en 14 aC. Madre de Calígula, se la consideraba la más virtuosa del imperio. Murió misteriosamente durante el reinado de Tiberio.

AGUSTÍN. Latino, diminutivo de Augusto, *majestuoso*. **Aragón Leyva**, ingeniero y gastrónomo mexicano, n. en 1904. Autor de un *Diccionario de la cocina* y *La ciencia como drama*. Se le conoció como "El Apóstol de la Flor"./ **Casasola**, periodista mexicano n. en 1874. Reportero de *El globo* y *El popular*, en 1894 abrazó la fotografía. Captó los más importantes momentos de su época y con su archivo formó la *Historia gráfica de la Revolución Mexicana*. Hay en Pachuca un museo con su obra./ **San**, Teólogo n. en Agaste, África, en 354. Obispo de Hipona. Importante figura de

transición de la antigüedad al medievo por su obra filosófica.
Autor de *La felicidad, Soliloquios, La ciudad de Dios* y sus
Confesiones.

AIDA. Nombre inventado por el libretista Piave para la protagonista
de la ópera de Verdi, hecha por encargo del Jedive de Egipto,
para celebrar la apertura del Canal de Suez, en 1871./
Araceli, actriz de cine mexicana n. en 1939. Pionera del
nudismo integral en la pantalla: *Juventud desenfrenada.*

ALAN. Del céltico *Alun*, de alano, perteneciente al pueblo ármata
nómada./ **Ladd**, actor estadounidense n. en 1916. Votado
"La estrella del mañana" por la industria del cine de su país,
hizo algunas películas interesantes: *La llave de cristal, Un
alma atormentada, Shane el desconocido, Engendro del
mal.*

ALAIN, variante francesa de Alan. Seudónimo de Auguste Chartier,
pensador francés n. en 1860. Autor de *Sistema de las bellas
Artes, Disertaciones* e *Ideas.*/ **Cuny**, actor de cine francés
n. en 1909. Fue dirigido por Buñuel, Malle, Fellini y Carné/
Delon, actor de cine francés n. en 1935. Galán de los años 60,
también hizo filmes de rudo: *A pleno sol, Los camaradas,
Fui un ladrón, Borsalino.*

ALBERTO. Germano, contracción de *Adalberto* (ver). **Aguilera
Valadés**, compositor michoacano n. en 1950, su nombre
artístico es **Juan Gabriel**. Autor de más de 300 canciones de
éxito, se han empleado en varias películas. Ha recibido
varios premios internacionales./ **Balderas**, n. en la ciudad de
México en 1910. Abandonó sus estudios de violín para
dedicarse al toreo a los 18 años. Manuel Mejía le dio la
alternativa en Sevilla, en 1930. Oreja de Oro en 1934, alternó
con Lorenzo Garza y Fermín Espinosa. Fue muerto por
Cobijero en la Plaza El Toreo, en diciembre de 1940./**María**

Carreño, n. en Tacubaya en 1875. Seminarista y liberal, desempeñó gran cantidad de empleos antes de entrar a la embajada de México en Washington. Fue secretario del arzobispo de México durante los conflictos con el estado. Doctor *Honoris Causa* por la UNAM en 1953, escribió textos hispanistas y religiosos, y el célebre *Manual de buenas costumbres*.

ALBINO. Latino, *blanco, relativo al amanecer*. **García**, guerrillero insurgente n. en Guanajuato a fines del s. XVIII. Temible y elusivo, fue hecho prisionero por Iturbide, quien simuló fusilarlo para intimidarlo, infructuosamente. Finalmente lo hizo y lo desmembró para ejemplo de otros.

ALDO. Germánico, significa *anciano*. **Conti**, actor mexicano n. en Italia, ha hecho principalmente televisión y teatro./ **Fabrizi**, actor italiano n. en 1906. Del neorrealismo, protagonista en *Roma ciudad abierta, Primera comunión* y *Policías y ladrones*./ **Moro**, político italiano n. en Lecce en 1916. De tendencia democristiana, fue Primer Ministro en 1963 y 1968. Secuestrado y muerto por las Brigadas Rojas en 1973.

ALEJANDRO. Griego. *Protector o vencedor de hombres*. **El Grande**, rey de Macedonia, hijo de Filipo, educado por Aristóteles. Extendió su imperio sobre Grecia, Egipto, Babilonia y parte de la India. Facilitó la intercomunicación de las culturas occidentales y orientales./ **Aura**, n. en la Ciudad de México en 1944, actor escritor, discípulo de Juan José Arreola, autor de *Las visitas, Salón Calavera, Cinco veces la flor*, etc. Premio Nacional de Poesía 1973./ **Nevski**, héroe ruso n. en 1220. Príncipe de Novgorod, derrotó a los invasores suecos en el río Neva y a los germanos en el lago Peipus. Santo de la Iglesia ortodoxa.

ALEJO. Griego, variante de Alejandro. *El que defiende.*
Carpentier, escritor cubano n. en 1904. Cultivador de un
estilo barroco en novela, cuento, ensayo. Autor de *El siglo de*
las luces, Los pasos perdidos, La música en Cuba./ **García**
Conde, militar español n. en Ceuta, África, en 1751.
Designado gobernador de Sonora, Sinaloa, en 1796, combatió
a los apaches y a los insurgentes. Después se adhirió al Plan
de Iguala con sus hermanos.
ALFONSO. Germánico. *Noble listo para combatir.* -, **el Sabio**,
rey de Castilla n. en 1221. Hijo de Fernando III, reconquistó
parte de la Península Ibérica. Se enfrentó al Papa y a intrigas
castellanas. Autor de la *Crónica general de España* y *La*
Grande y General Historia. Decretó que se diera de comer
en las tabernas, inventando las "tapas" o botanas./ **Arau**,
bailarín, actor y cineasta mexicano n. en 1932. Hizo dúo con
Sergio Corona; en Cuba fundó el Teatro Musical de La
Habana. Actuó en *Caras nuevas, En este pueblo no hay*
ladrones, Paren el mundo quiero bajarme. Dirigió *El águila*
descalza. Calzóncin inspector, Mojado Power y *Como*
agua para chocolate./ **Caso**, abogado mexicano n. en 1896.
Antropólogo, hizo importantes aportaciones a la especialidad. Exploró la región de Atzompa y Yucuñudahui. Director
del Instituto Nacional Indigenista, Premio Nacional de Ciencias en 1960./ **García Robles**, abogado michoacano n. en
1911. Hizo estudios de Derecho Internacional en el país y La
Haya. Ingresó al servicio diplomático y representó a México
en el Comité de Desarme y el Consejo de Seguridad en la
ONU. Premio Nobel de la Paz en 1982./ **Reyes**, polígrafo
regiomontano n. en 1889. Hijo del general Bernardo Reyes,
abogado de carrera, gastrónomo por convicción, se volvió

escritor. Glosador de los castellanos y helenista, se convirtió en una de las glorias mexicanas de la literatura. **ALFREDO**. Anglosajón, y éste del germánico. *El amparo de la nobleza.* **Bolaños**, n. en la Ciudad de México en 1915. Ciego desde niño, aprendió piano por el sistema Braille. Autor de canciones populares, entre ellas, *Qué lindo es Michoacán*, considerada el himo extraoficial del estado./ **Cardona Peña**, n. en San José, Costa Rica, en 1917. Periodista y poeta, viajó a México en 1939 y ejerció la publicidad y enseñó literatura. Autor de *El mundo que tú eres, Poemas numerales, Fábrica de monstruos.* **ALÍ**. Árabe. *El alto.* Yerno de Mahoma, califica de 656 a 661. **Chumacero**, poeta n. en Acaponeta en 1910. Cursó hasta la preparatoria en Guadalajara y emigró a la Ciudad de México. Fundó la revista *Tierra Nueva.* Periodista en diversas revistas, obtuvo el premio Rueca por su libro *Páramo de sueños.* En 1964 ingresó como miembro de número a la Academia Mexicana de la Lengua./ **Babá**, personaje de uno de los cuentos de *Las mil y unas noches*, atrapaba a 40 ladrones y se apoderaba del botín oculto en la cueva Sésamo. **ALMA**. Latino. *Que da vida, que alimenta.* **Reed**, periodista estadounidense n. en 1894. Su nombre real fue Alma María Sullivan. Como trabajadora social defendió y salvó a un joven mexicano de ser condenado a muerte. En Yucatán, escribió artículos sobre las ruinas mayas y conoció a Felipe Carrillo Puerto. Inspiró la canción "Peregrina" de Palmerín. **ÁLVAR, ÁLVARO**. Germánico. *Muy prudente, precavido.* **De Albornoz**, escritor y político español n. en 1879. Fue diputado, luego miembro del Comité Revolucionario. Embajador en París, fue presidente del gobierno republicano en el exilio. Es autor de *Individualismo y socialismo, Páginas del destierro.*/

Gálvez y Fuentes, "El Bachiller" n. en la Ciudad de México en 1918. Hombre de radio, creó programas como *El colegio del amor, Diario relámpago del aire, Los Catedráticos*. Dirigió el filme *Mexicanos al grito de guerra* interpretada por locutores. Fundó y dirigió la agencia Informex./ **Núñez Cabeza de Vaca**, soldado español n. en 1490. Alguacil mayor de la expedición de Pánfilo de Narváez. Naufragó en una isla frente a la costa de Texas. Adelantado del Río de la Plata, hizo varias expediciones en el Río Paraguay.

AMALIA. Variante de Amelia y éste de *Amelberga*, germánico. *La protectora de los que trabajan*. **De Castillo Ledón**, n. en Santander, Tamps. en 1890. Promotora social y maestra normalista, promovió la creación del hoy Departamento de Acción Social del DF, organizó un teatro de los Trabajadores, las guarderías, casas de orientación para hombres y mujeres, y fundó el Museo del Virreinato, de Arte Moderno y de las Culturas; embajadora y escritora teatral./ **Hernández**, coreógrafa mexicana n. en 1917. Estudió danza clásica, moderna y española. Fundó en 1952 el Ballet Folklórico de México. Llegó a tener 350 personas en su compañía.

AMARANTO. De origen griego. *Que no se marchita*. "Amaranta" es un personaje de la novela *Cien años de soledad* de Gabriel García Márquez.

AMBROSIO. Griego. *De naturaleza divina*. La ambrosía era el alimento que daba immortalidad a los dioses. **Dierce**, periodista y humorista estadounidense n. en 1842. De estilo muy ligero y personal, se le considera pionero del cuento norteamericano. Se perdió en el desierto cuando buscaba a las tropas de Pancho Villa. Autor de *Cuentos de soldados y civiles, Diccionario del Diablo*. Su vida fue recreada por Carlos Fuentes en su novela *Gringo viejo*, llevada al cine.

AMPARO. Por la Virgen. *Refugio, defensa.* **Arozamena**, n. en 1916. Niña prodigio del teatro mexicano, su presencia marcó un hito en las revistas musicales de los 20 y 30, pues actuaba, bailaba y cantaba. Hizo alguna película y televisión, siempre como actriz de apoyo.

ANA. Hebreo. *Hannah, la benéfica.* **Doña**, hija de Moctezuma II que éste dio por mujer a Hernán Cortés, cuando entró por primera vez a Tenochtitlán en 1519. Al año siguiente, cuando los españoles huyeron de la ciudad, los aztecas le dieron muerte estando embarazada./ **Karenina**, título y personaje de la novela psicológica de León Tolstoil sobre la pasión culpable y la tragedia de una dama aristócrata rusa./ **de Austria**, reina de España n. en 1543. Cuarta esposa de Felipe II.

ANACLETO. Griego. *Invocado.* **Morones**, personaje de un cuento de Juan Rulfo, del que se hizo la película *El rincón de las vírgenes*, con Emilio Fernández y Alfonso Arau.

ANITA. Dim. de Ana. **Blanch**, nombre artístico de la actriz española nacida en Valencia en 1910 que vino a México en 1923 y se quedó con su compañía teatral. Debutó como bailarina en *Mamá nos quita los novios*. Debutó en cine con *Luponini de Chicago*. Su última actuación fue en el musical *Pippin* de 1974./ **Brenner**, n. en Aguascalientes en 1905. Doctora en Antropología por la Universidad de Columbia, fue crítica de arte y dramaturga: *Idols bahind altars, Your Mexican holiday* y *El muerto murió*, así como relatos infantiles sobre mitos mexicanos. Tradujo parte de la obra de Mariano Azuela.

ANASTASIO. Griego, significa *el que puede atravesar la muerte, el resucitado.* **Bustamante**, n. en Jiquilpan, Mich. en 1780. Estudiante de artes, viajó a México para estudiar Medicina.

Oficial de caballería durante la guerra de Independencia, fue vicepresidente de la República cuatro veces.
ANDRÉS. Griego, *varonil, masculino*. **Eloy Blanco**, poeta venezolano n. en 1897. Cultivó los temas nacionalistas. Autor de *Angelitos negros, Tierras que me oyeron.*
ÁNGEL. Latino, derivado del griego *ángelos*, mensajero. Espíritus celestes creados por Dios para su ministerio, jerarquizados en nueve coros. **de Campo**, escritor n. en la Ciudad de México en 1868. Periodista crítico de su sociedad, escribió con los seudónimos de *Micrós y Tick Tack* las costumbres y vicios de entonces y recopiló en *Ocios y apuntes, Cosas vistas y Cartones*./ **Garasa**, actor español n. en 1905. Llegó Garasa a México en 1939. Socio fundador de la Academia Mexicana de Ciencias y Artes Cinematográficas en 1946. Innumerables películas y televisión, entre ellas: *Ay Jalisco no te rajes, El moderno Barbazul, La monja alférez, A volar joven*./ **María Garibay Kintana**. n. en Toluca en 1892. Bibliotecario en el Seminario Conciliar, inició sus traducciones del hebreo, griego y latín. Aprendió otomí y tradujo sus tradiciones. Luego náhuatl y fue director del Seminario de Cultura Náhuatl en Filosofía y Letras. Dr. *Honoris causa* en 1951.
ANNETTE. Anita en francés. **Funicello**, estrella infantil del club de Mickey Mouse en los 50 y estrella juvenil en filmes de playa en los 60, n. en 1940. En octubre de 1995 reapareció en público después de padecer osteoporosis cinco años; hizo un filme sobre su propia historia: *Rising from the chair*.
ANTONIO. Latino, de *Antonius, familia romana de origen etrusco*. **de Padua**, monje franciscano n. en esa ciudad italiana

en 1231. Es el que las solteronas ponen de cabeza para conseguir marido./ **M. Anza**, n. en la Ciudad de México, en 1847. Ingeniero y arquitecto, trabajó en el trazo y la construcción del Ferrocarril Mexicano, y el pabellón de la Exposición Universal de París, así como el Palacio Negro de Lecumberri, hoy Archivo General de la Nación./ **Caso**, filósofo mexicano n. en 1883. Inclinado a la estética, fundó con Alfonso Reyes la revista *Savia moderna*. Luego, el grupo Ateneo de la Juventud, contra el positivismo de la época. Dedicado a la docencia, es autor de múltiples textos filosóficos y sociológicos aún vigentes.

ANTONIETA. Latino, fem. de Antonio. **Rivas Mercado**, intelectual mexicana n. en 1890. Fundó el Teatro Experimental Ulises, con Jiménez Rueda, Villaurrutia y Gorostiza. Amante de José Vasconcelos, escribió *Crónica de la campaña política.* Patrocinó a escritores y poetas. Desheredada, vivió en Francia miserablemente y se suicidó en Notre Dame en 1931.

AQUILES. Griego, *el que no tiene labios.* Héroe mitológico hijo de Tetis, era invulnerable, excepto en el talón; en la guerra de Troya mató a Héctor./ **Elorduy**, abogado aguascalentense n. en 1874. Director de la Escuela Nacional de Jurisprudencia, en 1909 fundó el Centro Antirreeleccionista. Diputado y senador en varias ocasiones fue diplomático en Cuba y autor de polémicos artículos políticos./ **Serdán**, revolucionario poblano n. en 1876. Dedicado al comercio, se afilió al Partido Antirreeleccionista. Conoció en los EU a Francisco I. Madero donde planearon el inicio de la Revolución. Descubierto el plan de los Serdán, el 18 de noviembre de 1910 se dio el combate contra los soldados en su casa, donde murió.

ARCHIBALDO. Germánico. *Atrevido en la nobleza.* **Durns,** escritor y cineasta mexicano n. en 1914. De educación religiosa, escribió las novelas *Fin, Presencia de nadie, El cuerpo y el delito.* Dirigió películas experimentales e independientes: *Perfecto Luba, Oficio de tinieblas* y *El reventón.*

ARISTÓTELES. Griego. *El que alcanza el mejor fin.* Filósofo griego, discípulo de Platón, enseñó en su Academia durante 20 años. Educador de Alejandro Magno, fundó en Atenas el Liceo. Creador de la lógica formal, es uno de los pilares del conocimiento universal./ **Onassis,** naviero griego, que se elevó desde la extrema pobreza a la mayor riqueza, casó con Cristina Onassis y con Jacqueline Kennedy, pero tuvo amores célebres con la soprano María Callas./ **(Telly) Savalas,** actor de cine, de los últimos rudos, famoso por su calva y su carácter cínico y jovial. Hizo varias películas: *Los practicantes, 12 en el patíbulo, El botín de los valientes.* Ganó popularidad como el detective *Kojak* de la televisión.

ARMANDO. Del germánico *Hariman, el héroe del ejército.* **Assante,** actor estadounidense de origen italiano n. en 1949. De los nuevos galanes "duros" del cine. Protagonista de *Los reyes del mambo, Yo, el jurado./* **du Plessis,** Cardenal Richelieu, político francés n. en 1585. En 1614 fue designado representante del clero en los Estados Unidos Generales. Nombrado cardenal y ministro de Luis XIII, consolidó el poder de la monarquía.

ARNALDO. Germánico, *El que tiene el poder de águila.* **Coen,** n. en la Ciudad de México en 1940. Pintor autodidacta y diseñador gráfico, presentó exposiciones a partir de 1963, y realizó escenografías y vestuarios para teatro. Pintó la vela de la balsa Acali de la expedición de Santiago Genovés en

1973. También escultor desde 1980./ **Córdova**, n. en 1935, abogado michoacano, doctor en filosofía por la Universidad de Roma y en ciencias políticas por la UNAM; militante de izquierda, fue diputado a la LII Legislatura (1985). Ha escrito textos de análisis político y colaborado en once libros colectivos./ **Gerste**, sacerdote jesuita n. en Bélgica a mediados del s. XIX. Llegó a México en 1920, a la región tarahumara. Dominó su lengua y el náhuatl, y estudió la bótanica y la medicina del lugar. Autor de la *Arqueología y bibliografía mexicanas*.

ARNULFO. Germánico. *Águila Lobo*. **R. Gómez**, militar sonorense. Participó en la huelga de Cananea en 1906. Se unió a la corriente antirreeleccionista en 1909 y fue partidario de Madero. Peleó contra Huerta en 1913. Aspirante a la presidencia por el Partido Antirreeleccionista, se sublevó contra Obregón y fue fusilado en 1927 en Coatepec.

ARQUÍMEDES. Griego. *El mejor pensador*. Sabio griego del s. III A.C. descubrió el principio del desplazamiento de volumen de los cuerpos. Acuñó la expresión "¡Eureka!" "¡He hallado!". Escribió *De la esfera y del cilindro*./ **Caballero**, Profesor normalista n. en 1910 en Tampico. Coautor de catorce libros de enseñanza matemática, incluyendo los *Cuadernos Alfa*.

ARRIGO. Variante italiana de *Enrique*. **Boito**, autor italiano n. en Padua en 1842. Influido por el romanticismo wagneriano, escribió los libretos de *Mefistófeles, Falstaff* y *La Gioconda*./ **Coen Anitúa**, lingüista mexicano n. en Italia en 1913, se dedicó a la publicidad, a la radio y a la difusión del bien decir. Autor de *El lenguaje que usted habla, Para saber lo que se dice*. Hijo de la cantante Fanny Anitúa (ver).

Premio Melchor Ocampo de la Academia de la Investigación
Científica de Michoacán.

ARTURO. Impreciso: puede ser *Artorius* por la familia romana
Artoria; un derivado de *artos*, oso en céltico, o *noble* en la
misma lengua. Legendario celtarromano, rey de Inglaterra
del s. IV, hijo de Uther de Pendragón, criado por Sir Héctor,
logra el trono inglés al sacar la espada de la piedra del
designio. Asesorado por Merlín, funda la Orden de los
Caballeros de la Mesa Redonda./ **Arnaiz y Freg**, historiador,
biólogo y filósofo mexicano, n. en 1915. Autor de importantes
obras como *Síntesis histórica de México, Ramón López
Velarde y la pequeña propiedad, Semblanza e ideario de
Lucas Alamán*./ **Azuela**. Abogado mexicano n. en 1930.
Maestro en historia, profesor de literatura mexicana en la
UNAM, director de Filosofía y Letras, como novelista ha
publicado *El tamaño del infierno, Un tal José Salomé y La
casa de las mil vírgenes* entre otros./ **de Córdova**, actor n.
en 1908 en Mérida, nombre artístico de Arturo García.
Seminarista en Argentina hasta los 20 años, locutor en la
XEW y en 1934 se inició en el cine. Protagonista de más de
300 filmes en Hollywood, España y Argentina destacan *En
la palma de tu mano, Las tres perfectas casadas, El
esqueleto de la señora Morales*.

ATILANO.De origen godo, derivado de Atila. *Padre*. **Barrera**.
Nombre verdadero del personaje cinematográfico "Gabino
Barrera". N. en Coahuila en 1871. Se opuso al gobierno
porfirista y estuvo preso de 1907 a 1909. Apoyó a Madero
y se unió a Carranza en 1915, cuando fue emboscado cerca
de Villa Acuña, Coah.

AUGUSTO. Latino, *respetable, venerable*. Título de **César
Octavio** que adoptaron después los demás emperadores

romanos./ **Cárdenas Pinelo**, el célebre compositor yucateco **Guty**, n. en 1905. Contador de profesión, ganó el primer lugar en Concursos de la Canción Mexicana en 1927. Hizo muchas canciones y varias revistas musicales: *Nunca, Caminante del mayab, Quisiera.*/ **Rodín**, escultor francés n. en 1840, revolucionador de su arte, rompió con la academia y dio a sus obras sentimiento y realidad. Autor de *El beso, El pensador, Puerta del Infierno.*

AURELIO. De origen latino, *el de cabellos dorados, rubio.* **Manrique**, político potosino n. en 1891. Decidido antiporfirista, fue enviado a prisión desde muy joven. Obregonista, fue diputado y gobernador de su estado. Llamó en público farsante al presidente Calles después de su informe de 1927. Fue desterrado. Regresó al país y se dedicó al periodismo.

AURELIANO. Dim. de Aurelio. **Blanquet**, n. en Morelia, Mich., en 1849. Militar de carrera, sirvió al presidente Díaz. Participó en la conjura contra Madero, secretario de Guerra con Huerta, al triunfar el constitucionalismo se asiló en Cuba. Regresó para combatir a Carranza y fue muerto en acción.

BALTASAR (también con Z). Impreciso, posiblemente del babilónico *Belsasar*, último rey de esta nación, o del asirio *Bel-tas-assar*. Uno de los reyes magos de la leyenda medieval, según Gutierre Tibón./ **González**, clérigo jesuita tlaxcalteca n. a principios del s. XVII. Conocedor del náhuatl, predicó entre los indígenas y escribió en ese idioma su *Historia de la milagrosa aparición de Nuestra Señora de Guadalupe de México.*

BÁRBARA. Latino, *la que no puede hablar*. Bárbaros eran los extranjeros que no podían hablar latín. **Cartland**, escritora de novelas rosas n. en 1902. Vivió mucho tiempo en París. Escribió más de 300 obras, aseguraban que "era capaz de dictar siete mil palabras a diez secretarias de una sola vez"./ **Hapworth**, escritora inglesa que empleaba el seudónimo de "George Eliot". Escribió *Silas Marner.*/ **Stanwick**. Actriz dramática estadounidense n. en 1907. Protagonizó en TV *Valle de Pasiones*, en su último trabajo. Además: *Stella Dallas, Reina del burlesque.*

BARTOLOMÉ. Aramo. *Bar Talmai, arador*. **de las Casas**. Fraile sevillano n. en 1474. Radicó en La Española, tomó los hábitos y fue primero en cantar misa en América. Hombre de confianza de Diego de Velázquez, predicó contra los abusos de los encomenderos. Atacado por sus ideas, denunció las crueldades de los españoles en *Brevísima relación de la destrucción de las Indias.*/ **Castaño**. Misionero jesuita n. en Portugal en 1601. Hablaba seis lenguas indígenas. Su *Catecismo* se tradujo al náhuatl, tarasco y otomí. Usaba música para atraer a los indios de Sonora y Sinaloa.

BEATRIZ. Latino. *Beatrix*, fem. de *beator, que hace feliz.* **Fortinari**, dama italiana n. en 1226. Amada por Dante Alighieri, la transformó en·personaje de su *Divina comedia.*/ **Aguirre**, actriz nacida en Arteaga, Coah. Inició estudios de odontología, pero al titularse como maestra de declamación ingresó al cine con *La monja alférez.* Más de 50 filmes, varias radio y telenovelas, y doblaje de teleseries.

BELA. Forma húngara de Alberto (ver). **Bartok**, compositor húngaro n. en 1881. Importante figura de la música del s. XX. Estudió y enseñó piano en el Conservatorio de Budapest. Autor de obras muy originales, con melodías y preponderancia del ritmo./ **Lugosi**. Actor húngaro n. en 1897 en Budapest. Fue el vampiro de *frac* por excelencia, al protagonizar la versión norteamericana de 1935, de la novela de Bram Stoker.

BELISARIO. Griego. *Flechador.* Famoso general bizantino del s. VI./ **Domínguez**. Médico y político mexicano n. en 1863 en Chiapas. Fue senador maderista y se opuso abiertamente al usurpador Huerta. Fue asesinado en el Senado durante un discurso suyo./ **de Jesús García**, n. en Montemorelos, NL en 1894. Militar revolucionario bajo el mando de Pablo González, fue subjefe de Músicas Militares de la República. Compuso más de 100 canciones como *Morir por tu amor, Mimí, Las cuatro milpas.*

BENITO. Latino. *Benito.* **Juárez**. El Benemérito de las Américas n. en Oaxaca en 1806. Presidente de la Suprema Corte, promovió las Leyes de Reforma. Defendió la República contra el Imperio. Se reeligió y murió siendo presidente en 1872./ **Mussolini**, tuvo este nombre en homenaje a Juárez. Dictador italiano, impuso el fascismo y formó el eje Berlín Roma Tokio con Hitler e Hirohito durante la II Guerra

Mundial. Ejecutado por la turba en 1945, con su amante Clara Petacci.

BENJAMÍN. Hebreo. *Hijo predilecto*. Personaje bíblico, 12° hijo de Jacob, su madre Raquel murió al darlo a luz./ **Argumedo**, n. en Durango. Militar orozquista y huertista, conocido como "El León de la Laguna" por su cargas de caballería en Torreón.

BERNARDINO. Dim. de Bernardo (ver). **Biondelli**. Nahuatlato italiano n. en Verona en 1804. Publicó un epistolario y leccionario azteca y un glosario náhuatl latín./ **Carrión**. N. en 1810. De formación religiosa e ideas liberales, combatió a Santa Anna. Colaboró con Juárez y fue suspendido por la Curia. Se dedicó al periodismo político desde el imperio de Maximiliano./ **de Sahagún**, misionero español n. en 1499. Vino a Nueva España en 1529. Profesor en el colegio de Tlatelolco, protegió a los indios, defendió su cultura y escribió la *Historia general de las cosas de la Nueva España,* el mejor documento sobre la vida en el s. XVI.

BERNARDO. Germánico. *Oso atrevido*. **de Balbuena**. N. en Valdepeñas, España, en 1562. En la Nueva Galicia (Jalisco y Nayarit) desde los dos años, teólogo por la Real y Pontificia Universidad de México. Escritor y poeta, es autor de *Siglo de oro en las selvas de Erifile, Bernardo o Victoria en Roncesvalles y Grandeza Mexicana./* **O'Higgins**. N. en 1778, fue educado en Inglaterra y volvió a Sudamérica para proclamar la independencia de Chile en 1818. Peleó al lado de José de San Martín en la batalla de Maipú.

BILL. Sajón, dim. de *William, Guillermito*. **Dixby**, actor estadounidense n. en 1934. Principalmente en televisión hizo las series *Mi marciano favorito, El mago, Buscándole novia a papá y El hombre increíble./* **"Buffalo"** = **Cody**, explorador estadounidense, cazador de bisontes y combatiente de indios. Acabó como empresario de circo con el que recorrió su país./ **Murray**. Actor cómico n. en 1950. Producto del programa de TV *Saturday night live*. *Los cazafantasmas*, se ha revelado como buen actor serio.

BO. Adaptación inglesa del francés *beau, bello*. **Derek**. Nombre artístico de Mary Cathleen Collins, actriz estadounidense n. en 1956. A los 16 años se inicia en *Fantasies*. Luego *Orca, la ballena asesina* con su imagen creada por su marido, el ex actor John Derek. Lanzamiento estelar en *10, la mujer perfecta, Tarzán, el hombre mono, Bolero*. Símbolo sexual de los 80.

BORIS. Eslavo. *El que viene del Norte*./ **Pasternak**. Novelista soviético Premio Nobel de Literatura en 1950, por *El doctor Zhivago* que no pudo recibir por haber sido acusado de reaccionario.

BRIGITTE. Brígida, en francés, y éste del gaélico, *Diosa céltica del fuego, Brighid*. **Bardot**. Actriz francesa n. en 1934. Máximo símbolo sexual del cine de los 50 y 60. Fue condenada por el Vaticano por su atrevido filme *Y Dios creó a la mujer*. Al retirarse del cine se dedicó de lleno a la protección de los animales, y es la más fuerte luchadora por sus derechos.

BRUNO. Germánico. *Que tiene la coraza*. **Pontecorvo**. Científico nuclear italiano n. en 1916. Trabajó en el desarrollo de la bomba atómica. Naturalizado inglés, desertó a la URSS durante la guerra fría, para trabajar en el uso pacífico del átomo./ **Rey**, actor de cine mexicano, siempre secundario, destacó más haciendo doblajes por su excelente voz: *Mannix*./ No confundir Bruno con el escritor **B. Traven**, seudónimo del suizo Traven Torsvan, que inclusive tiene una calle en

Coyoacán, DF, en la creencia que la inicial se refiere a ese nombre.

. . . .

CALIXTO. Griego, masc. de *Calisto, nombre de la ninfa del séquito de Diana, Bellísima*. Nombre del personaje creado por Rodolfo Rodríguez en la serie de TV *Cachún Cachún ./* **Maldonado**, abogado campechano n. en 1886. Su tesis *La Revolución es un derecho* lo llevó a prisión en 1909. Oficial mayor en el gobierno de Salvador Alvarado, redactó las leyes preconstitucionales. En 1927, vicepresidente del Partido Nacional Antirreeleccionista.

CANDELARIA. Latino, de *candela, hoguera, vela para alumbrarse*; por la fiesta de la presentación de Jesús en el templo y la purificación de la Virgen.

CANDELARIO. Masc. de Candelaria. **Rivas**. Músico zacatecano n. en 1860. Desde joven en bandas militares, dirigió varias con las que hizo giras internacionales. Recibió mención honorífica por su polca de concierto *Risas y fuego*. Compuso para las fiestas del Centenario *Fantasía heroica* y el *Himno a Hidalgo./* **Huízar**. Músico zacatecano n. en 1888. Desde niño aprendió a tocar guitarra, saxofón, viola y corno. Durante la Revolución tocó con Villa y Pánfilo Natera. Luego realizó diversas tareas administrativas. Autor de las sinfonías *Pueblerinas, Imágenes*.

CÁNDIDO. Latino. *Blanco, inocente*. **Aguilar**. Político n. en Córdoba, Ver., en 1886. Yerno de Venustiano Carranza, fue diputado constituyente. Expidió la primera Ley del Trabajo.

CARIDAD. Latino. Una de las virtudes teologales. En inglés *Charity*, dim. *Cherry*. **Bravo Adams**. Escritora tabasqueña, n. en 1904. Hija de actores cubanos, a los 16 años publicó su primer libro de poesías. Luego, novelas sentimentales, entre las que destacan: *Bodas de odio, Corazón salvaje, Águilas frente al sol*. Cultivó el periodismo cultural. Personaje de la comedia musical *Dulce Caridad*, inspirado en *Las Noches de Cabiria*, la cabaretera de buen corazón, que da todo por tener amor.

CARLOS. De origen franco, y éste del latín, *Carolus*, Amado. **Carlomagno**, rey de los francos (742-814). De este nombre se derivan Carlota, y las traducciones de otros idiomas: Charlotte, y el modernista Karla, de origen alemán./ **Ancira**, actor mexicano n. en 1929. Estudió con Seki Sano. Participó en unos dos mil programas de televisión y radio, 50 filmes, doblajes de series. Dio 30 años de clases de arte dramático en Bellas Artes. Autor de *Netzahualcóyotl, Después. . . nada, El mundo vacío*./ **Arruza**. Torero n. en la Ciudad de México en 1920. Alcanzó notables triunfos en México y España y ganó fama al alternar con *Manolete*./ **Balmori**, personaje ficticio encarnado por Concepción Jurado, que se hacía pasar como millonario español, banquero o industrial para jugar bromas en las "balmoreadas", reuniones para divertirse a costa de los ingenuos, desde 1926 a 1931, cuando murió la protagonista./ **I de España** y **V de Alemania**, n. en Flandes, Bélgica, en 1500. Hijo de Juana la Loca y Felipe el Hermoso, subió al trono en 1519. Extendió el imperio español, fundó la Casa de Moneda, el Imperial Colegio de la Santa Cruz de

Tlaltelolco, el San Juan de Letrán y la Real y Pontificia Universidad de México.

CARLOTA. Fem. de Carlos, Charles o Karl. **Amalia**, emperatriz de México, n. en 1840. Hija de Leopoldo I de Bélgica, casó con Maximiliano de Habsburgo. Vino a México en 1864. En 1866 viajó a Europa a pedir ayuda a Francia y al Papa contra los mexicanos. Se volvió loca al perder el imperio y a su marido./ **Bronte**, Novelista británica n. en 1816. Poetisa, escribió *Jane Eyre, Shirley, Violette*. Con su hermana Emily inició la novelística femenina en Inglaterra.

CARMEN. Por la Virgen del Monte Carmelo en Israel. De origen hebreo, *viña*, por extensión, *jardín*. **Serdán, Montejo**.

CATALINA. Griego, *Inmaculada*. **de Erauzo**, nombre de "La monja alférez", personaje semilegendario de la primera mitad del s. XVII. Novicia de convento, vestida de hombre fue soldado en Chile, donde vivió muchas aventuras./ **de Médicis**, reina de Francia n. en Italia en 1519, e hija de Lorenzo d'Urbino. Esposa de Enrique II. Luchó contra las fracciones político-religiosas de su corte./ **La Grande**, emperatriz rusa n. en Alemania en 1729, esposa de Pedro III. Hizo importantes reformas al reino y lo expandió hacia Polonia y Turquía.

CHARLTON. Variante de Charles, Carlos en inglés. **Heston**, actor estadounidense n. en 1924. Ha interpretado a Moisés en *Los Diez Mandamientos*, a Miguel Ángel en *La agonía y el éxtasis*, y al presidente Jackson dos veces, una en *El pirata* con Yul Brynner, y otra con Susan Hayward en *Mujer de escándalo*.

CECILIO. Latino, significa *ciego*. **B. de Mille**, cineasta estadounidense, realizador de producciones monumentales y multitudinarias, como *Los Diez Mandamientos, Sansón y*

Dalila, El espectáculo más grande del mundo./ **Robelo**, n.
en el actual Edo. de Morelos en 1839. Abogado, fue el primer
diputado por su entidad en 1869. Magistrado del tribunal
superior de Justicia. Conocedor del náhuatl, fue director del
Museo Nacional de Arqueología.

CELESTINO. Derivado de *Celeste, perteneciente al cielo*. **Gasca**.
Luchador sindical n. en Abasolo. Gto. en 1890. En la capital
trabajó en una fábrica de calzado norteamericana donde
luchó por no trabajar los domingos. Se unió al maderismo en
1910 y luego a la Casa del Obrero Mundial, que con
Carranza aportó programas sindicales que se incluirían en la
Constitución./ **Gorostiza**, dramaturgo tabasqueño n. en
1904. Estudió Ciencias y francés. Formó parte del grupo
Contemporáneos y fundó el Teatro Orientación. Autor de
El color de nuestra piel, La leña está verde y un estudio
crítico para *Las paradojas del teatro mexicano*. Fue miembro de la Academia Mexicana de la Lengua.

CÉSAR. Latino. *El no nacido o parido* por la operación para sacar el producto del vientre materno. **Cayo Julio**, general y
político romano, cónsul tras la guerra de las Galias, gobernó
como dictador hasta su muerte por los tribunos dirigidos por
Bruto. Modificó el calendario y dio su nombre a uno de sus
meses. De su nombre deriva el de los emperadores romanos,
también el alemán Kaiser y el ruso Zar./ **Borgia**, de familia
española (su apellido real es Borja) n. en 1475. Trató de
unificar a Italia. Maquiavelo le dedicó un libro, *El Príncipe*,
para que conociera cómo debía ser el gobernante de su
época./ **Augusto Sandino**, patriota nicaragüense n. en
1895. En México trabajó en campos petroleros. Se alzó en
armas contra gobiernos títeres de los EU. Firmó en 1934 el
Tratado de Paz con Sacasa, pero fue asesinado por Somoza,

jefe de la Guardia Nacional./ **Romero**, actor neoyorquino de origen español n. en 1908. Se inició como bailarín latino. Siempre secundario, en *Un capitán de Castilla, Once a la medianoche*. En México filmó *Las secretarias*. Fue "El Guasón" en la serie de TV *Batman*.

CIRILO. Griego. *El que vive en Cirene*, isla donde vivió la ninfa amada por Apolo. **de Tesalónica**, sacerdote griego y que tradujo la Biblia en lengua eslava, para la que inventó el alfabeto *cirílico* derivado del griego.

CIRO. Persa. *El Grande*, n. en 600 A.C. fundó el Imperio Persa, conquistó Media y el imperio babilónico, liberando a los judíos de la esclavitud.

CLAUDIO. Latino, *el cojo*. Emperador romano n. en 10 A.C. exageró sus defectos físicos (tartamudo y canijo) para evitar las luchas familiares. Tío de Calígula, ordenó asesinar a su esposa Mesalina, por adúltera excesiva. Casado con Agripina, adoptó al hijo de ésta, Nerón. Sus dominios llegaron a Alemania, Inglaterra y Siria./ **Brook**, actor de cine y teatro, m. en 1995, de cáncer. Se inició en el doblaje de series para TV. Hablaba inglés y francés. Consentido de Buñuel, hizo entre otras *Viva María, Simón del desierto, La Vía Láctea, La invención de Cronos. El hombre de La Mancha*./ **Estrada**, compositor veracruzano n. en 1910. Guitarrista autodidacta, se dedicó a la música como acompañante en carpas. Ganó fama en 1940 cuando Los Panchos grabaron *Contigo*. Hizo radio, y en televisión la serie *Guitarras*. Tuvo éxitos como *Todavía no me muero, Albricias, Herida de amor*.

CLODOMIRO, de origen visigodo. *Grande en la fama*. **Cota Márquez**, n. en Todos Santos, BC, en 1835. Designado subteniente de infantería por Manuel Márquez de León, entró a fuerza a la milicia. Formó una de las compañías que expulsaron al filibustero William Walker (ver). Combatió en otras acciones al lado de los liberales contra Maximiliano.

COLUMBA. Latino, *paloma*. **Domínguez**, actriz sonorense n. en 1929. A los 14 años casó con el cinedirector Emilio Fernández, quien la inició en el cine y estelarizó *Pueblerina* después de estudiar *ballet* y arte dramático. Otros filmes: *Cuando levanta la niebla, Pueblito, La virtud desnuda, El río y la muerte*./ **Rivera**, médica hidalguense n. en 1870. Maestra normalista, estudió medicina en Pachuca y en la Escuela Nacional. Promovió los servicios de inspección médica, fue secretaria de la Sociedad Protectora de Mujeres. Fundó la revista *La mujer mexicana*. Escribió poesías y obras teatrales como *Cerebro y corazón* y *Sombra y luz*.

CONCEPCIÓN. Por la *Inmaculada Concepción de la Virgen*. **Béistegui**, n. en Guanajuato en 1820. Filántropa, legó sus bienes para socorrer a los pobres; en 1886 se fundó un hospital en el antiguo convento de Regina, en la capital del país, que se sostiene con donativos.

CONSTANTINO. Latino, patronímico de *Constante, perseverante*. Nombre de varios emperadores de Oriente. **I el Grande**, decretó al cristianismo como religión oficial del imperio romano. Trasladó la capital imperial a Bizancio, que recibió el nombre de Constantinopla en su honor. Hoy es Estambul./ **Escalante**, caricaturista mexicano n. en 1836. Aprendiz de pintura y dibujo, comenzó a publicar caricatura política en *La Orquesta* y *El Impolítico*, donde fue admirado por su valor. Fue perseguido por imperialistas y franceses por su postura republicana.

CUAUHTÉMOC. Náhuatl. *Águila que desciende, el sol cuando se oculta*./ Nombre del último emperador azteca, hijo de Ahuízotl, n. en 1496. Ingresó a los 15 años al Calmécac, dura escuela dedicada a los hijos de nobles. Asumió el trono al morir Cuitláhuac, víctima de viruela. Cortés lo venció y lo hizo prisionero, ejecutándolo en Ixcateopan en 1525./ **Cárdenas**, hijo del presidente Lázaro n. en 1931. Ingeniero por el IPN, se dedicó a la política tras ocupar varios puestos como funcionario. Gobernador de Michoacán, fundó un partido de oposición y aspiró a la presidencia de la República en 1988.

CHRISTOPHER. Sajón por Cristóbal, griego. *El que lleva a Cristo*. **Reeves** actor estadounidense n. en 1952. Alcanzó la fama con cuatro películas como **Superman**. Antes: *S.O.S. submarino nuclear*; luego, *Pídele al tiempo que vuelva, Reportera en peligro (Noticias peligrosas)*. En 1995 sufrió una caída de caballo que lo dejó paralítico.

DALIA. Nombre de la flor simbólica de México. **Iñíguez**, actriz cubana n. en 1911. Llegó a la ciudad de México en 1940. Hizo algo de cine, teatro y radio. *La oveja negra, No desearás la mujer de tu hijo*, son de las más recordadas.

DAMIÁN. Griego, *domador*. **Carmona**. Soldado durante la intervención francesa, en 1867, una granada destruyó su fusil y pidió otro para continuar en su puesto. A este acto se debe la institución del Día del Soldado./ **Demián**, nombre en alemán, título de la obra de Hermann Hesse que relata historias de la niñez y la adolescencia./ Personaje central de una trilogía de terror, el Anticristo contemporáneo, *La profecía*, de Joseph Howard.

DANIEL. Hebreo. *Mi juez es Dios*. El bíblico entró a la jaula de los leones y no fue atacado gracias a su fe. **Ayala Pérez**, n. en Yucatán en 1908. Músico desde pequeño, violinista discípulo de Silvestre Revueltas en el Conservatorio Nacional de Música, compuso interesantes obras: *Tribu, Paisaje*, el ballet *Uchben X'coholoté* y piezas para diversos instrumentos./ **Cabrera**, profesor de la Academia de San Carlos n. en 1850. Opositor de Porfirio Díaz, estuvo en la cárcel de Belén 300 veces. Fundó *El hijo del Ahuizote*, semanario político satírico que publicó durante diez años.

DARÍO. Persa. *Represor*. Varios reyes persas llevaron ese nombre. **San**, mártir en Nices en el s. IV./ **Fernández**, médico poblano, n. en 1885. Impulsor de la técnica quirúrgica, efectuó una gastroenteromía y una broncoscopía en el Hospital General por primera vez en México. Escribió *El bocio en México*. Un hospital capitalino lleva su nombre.

DAVID. Hebreo. *Amado*. Nombre del pastor bíblico que derrotó a Goliat y se convirtió en rey de los judíos. **Alfaro Siqueiros**, n. en Chihuahua en 1896. Estudiante de la Academia de Bellas Artes (San Carlos), participó en la huelga pedagógica de 1911. Entre los grandes muralistas revolucionarios, pintó entre otras, la rectoría de la Ciudad Universitaria. En su honor subsiste el Poliforum Siqueiros./ **G. Berlanga**, maestro normalista coahuilense n. en 1884. Cursó psicología en Europa becado por la Sría. de Instrucción Pública. Incorporado a la Revolución en 1913, se opuso a los villistas y fue fusilado por Rodolfo Fierro en 1915. Autor de *Pro Patria* y *Reforma escolar*.

DÉBORA. Hebreo, *abeja*. Heroína y profetisa judía, guió a los israelitas en su combate contra los cananeos. Autora del cántico a Yahvé.

DEBBIE. Dim. inglés de Débora. **Boone**, vocalista n. en 1960. A veces hace cine. Es hija del baladista de rock y ministro eclesiástico Pat Boone. *You light up mi life*./ **Reynolds**, actriz de cine y teatro estadounidense, n. en Texas, en 1932. Bailarina, ha filmado *La hija de Rosie O'Gady, Cantando bajo la lluvia, Tres palabritas*.

DEMETRIO. Griego. *Perteneciente a Deméter, diosa de la tierra*. **Aguilera Malta**, periodista y literato ecuatoriano que vivió en México desde 1950, cultivó la narrativa, la poesía y el teatro: *Los que se van, Cuentos del Cholo, Muerte. S.A.*/ **el Gladiador**. Personaje de la novela *El manto sagrado*, esclavo griego que sigue a Jesús y conserva el manto que cae de la Cruz.

DIEGO. Abreviación de Santiago. Del latín *Didacus, instruido*. **José Abad**, poeta y humanista mexicano, n. en Jiquilpan, Mich., en 1727. Teólogo jesuita, salió expulsado de la Nueva España en 1767. En Italia escribió sus obras literarias y científicas./ **de Becerra**, pintor mexicano nacido a principios del s. XVII. Aventurero, en un duelo por una dama mató a su rival y se refugió en un convento franciscano. Sus frescos se perdieron pero se conservaron algunos lienzos, entre ellos: *Entierro del santo, San Diego y San Jerónimo*./ **Durán**, fraile sevillano n. en 1537. De padre italiano, llegó a la Nueva España en 1542. Tomó el hábito dominico en 1556 y aprendió náhuatl, propagó el Evangelio entre los indígenas. Escribió *Ritos, fiestas y ceremonias de los antiguos mexicanos, Calendario antiguo* e *Historia de las Indias de Nueva España.*/ **Rivera**, pintor guanajuatense n. en 1886. Estudió en San Carlos, que abandonó inconforme por el sistema figurativo de enseñanza. En 1907 ganó una beca y viajó a Europa. Cultivó el puntillismo, el impresionismo y el cubismo. Es uno de los tres grandes muralistas de tendencia nacionalista.

DIONISIO. Derivado del griego *Dionisos, dios del vino*. **Aguado y Gardia**, músico español n. en 1704. Virtuoso de la guitarra, escribió un método técnico moderno para la ejecución del instrumento.

DOLORES. Por la Virgen. **del Río**, actriz duranguense n. en 1906. Su nombre real es María Dolores Asúnsolo. Debutó en el cine de Hollywood en 1925. Fue de las bellezas exóticas de esa época: *Ave del Paraíso, Volando a Río*. En México en 1942, filmó con el Indio Fernández: *Flor Silvestre, María Candelaria*. En teatro *La dama de las camelias, La dama del alba*.

DOMINGO. Latino. *Día del Señor (Dominus dies)*. **González Triana**, músico zacatecano n. en 1904. Estudió violonchelo en el Conservatorio Nacional. Permaneció seis años en Nueva York. Luego, miembro de la Sinfónica Nacional bajo Carlos Chávez. Primer violonchelo de la Orquesta de Ópera de Bellas Artes y de la Filarmónica de la UNAM./ **Faustino Sarmiento**, político y escritor argentino n. en 1811. Autodidacta, fue miembro del Partido Unitario. Periodista y educador, fue después embajador, senador y miembro del gabinete de Mitre. Presidente de 1860 a 1874. Autor de *Facundo, Recuerdos de provincias, La vida de Dominguito.* **DONALDO.** Gaélico. *El que gobierna el mundo.* **Ameche** (Don), actor estadounidense de padres italianos n. en 1909. Galán en los 30 y 40, hizo *La vida de Graham Bell, Barrio bohemio* y *Cocoons* por la que ganó el Oscar en 1906./ *Luis* = *Colosio*, político mexicano n. en 1950. Funcionario público, fue asesinado en campaña como candidato a la presidencia en marzo de 1994. **DONATO.** Latino, *obsequio o gracia divina.* **Guerra**, soldado jalisciense n. en 1832. Luchó contra la intervención francesa y el Imperio desde 1862. Gobernador de su estado. Con Porfirio Díaz entró a la Ciudad de México a la caída de Maximiliano. Combatió a Lerdo de Tejada y murió en 1876.

. . . .

EDGAR, EDGARDO. Sajón. *Lanza protectora de la propiedad.* **Allan Poe**, poeta y narrador estadounidense n. en 1809. Autor de cuentos fantásticos y de terror, se le considera el creador de la novela policiaca (*Gordon Pym*). Escribió *El cuervo, Narraciones extraordinarias, A Helena*./ **Gayce**, supuesto médico vidente que entraba en trance durante el cual hacía diagnósticos sobre cualquier enfermedad y prescribía el medicamento correcto, a base de hierbas desconocidas./ **Rice Burroughs**, novelista norteamericano n. en

1875. Su máxima obra fue *Tarzán* que cobró fama desde que fue llevada a la pantalla por primera vez en 1918.

EDMUNDO. Anglosajón, *Protector de la riqueza*. **Báez**, escritor n. en Aguascalientes en 1914. Publicó poemas en las revistas literarias *Taller poético, Letras de México* y *El hijo pródigo* desde 1940. Becado en Hollywood aprendió guionismo y realizó los de las películas *Doña Diabla, El niño y la niebla, Los Miserables* y *Los bandidos de Río Frío*.

EDUARDO. Anglosajón, *Guardián de la propiedad*. **Albee**, escritor norteamericano n. en 1928. Dramaturgo autor de *¿Quién le teme a Virginia Woolf?* y *La historia del zoológico*./ **Arozamena**. Actor n. en la Ciudad de México en 1880. Cantó siendo monaguillo en el coro de la iglesia de su barrio. En teatro desde principios del s. XX. Conocido como "El Nanche", fue pionero del cine. Hay una medalla con su nombre para los artistas que cumplen 50 años de trabajo continuo./ **Goodrich Acheson**, inventor estadounidense n. en 1856. Colaborador de Edison para crear la lámpara incandescente, inventó un método para hacer grafito; descubridor del carborúndum.

EFRAÍN. Hebreo. *El doblemente fructífero*. Segundo hijo de José, fue el fundador de la tribu de los efrainitas, considerada la más importante de Israel./ **González Morfín**, político tapatío n. en 1929. De formación jesuítica, miembro del Partido Acción Nacional, diputado, fue candidato a la presidencia de la república frente a Luis Echeverría.

EFRÉN. Variante del hebreo Efraín. **San**, sirio, teólogo n. en Nisibi en 306. Luchó contra los herejes agnósticos y escribió himnos a la Biblia. Se conmemora el 9 de junio./ **Rebolledo**, abogado y político hidalguense n. en 1877. Fue diputado y luego diplomático. Inició su carrera literaria en la *Revista*

Moderna. Autor de *Rimas japonesas, Más allá de las nubes* y *Libro del loco amor.* Tradujo a Wilde, Kipling y Maeterlinck.

ELENA. Griego. *Antorcha brillante.* **de Troya,** heroína de la epopeya clásica *La Ilíada* de Homero./ **Garro,** escritora poblana n. en 1920. Estudió Letras y coreografía. Se dio a conocer como dramaturga en 1957. Premio Xavier Villaurrutia por *Los recuerdos del porvenir,* fue llevada al cine. Otras obras: *La señora en su balcón, La dama boba, Andamos huyendo Lola* y *La casa junto al río.* Fue esposa de Octavio Paz.

ELÍ. Hebreo. *El exaltado.* Juez de Israel que educó al profeta Samuel./ **de Gortari,** filósofo mexicano n. en 1918. Ingeniero municipal, matemático, investigador universitario, es autor de *La ciencia de la lógica, La ciencia en la historia de México* y *El método dialéctico* entre muchas obras más.

ELIGIO. Latino. *El elegido o predestinado.* **Ancona,** n. en Mérida Yuc., en 1836. Abogado por la Universidad Literaria del Estado, liberal que se opuso a los conservadores y a los imperialistas. Fundó varios periódicos. Autor de la novela *En el sendero de las mandrágoras.*

ELIGEO. Hebreo. *Dios es mi salvación.* **Diego,** poeta cubano n. en 1921, entre los más destacados en América. *Conversación con los difuntos.*

ELVIRA. Germánico. *Lanza amiga del guerrero.* **Gascón,** artista española n. en 1911. En México desde 1939. Colaboró ilustrando libros, en editoriales y periódicos. De línea muy pura, su tema principal es la figura humana desnuda. Premio Sor Juana Inés de la Cruz 1982. Autora de importantes murales donde emplea el concreto teñido./ **Quintana,** actriz de cine n. en España. Emigró a México, estudió arte dramático en la academia de la ANDA, recibió varios premios por sus actuaciones en cine, teatro y televisión. m. en 1968 y en 1971 se publicó un libro con sus poemas.

EMILIANO. Latino, patronímico de Emilio. **Zapata**, revolucionario morelense n. en 1877. Se rebeló contra el gobierno de Porfirio Díaz al amparo del "Plan de Ayala" y luchó contra Madero, Huerta y Carranza, por no cumplir sus demandas. Fue asesinado en 1919.

EMILIO. Latino, *nombre de Amelia una familia romana. Hinchado. Inflado.* Título de la novela filosófica de Juan Jacobo Rousseau, que predica la religión natural. Incluyó en la vida social del s. XVIII./ **Carballido**, n. en Córdoba, Ver., en 1925. Maestro en Letras por la UNAM. Autor de un centenar de piezas, como *¡Silencio pollos pelones, ya les van a echar su maiz!, El relojero de Córdoba, Rosa de dos aromas.*/ **Carranza**, pionero de la aviación, n. en Coahuila en 1905. En 1927 hizo el segundo vuelo de larga distancia entre México y Ciudad Juárez. En 1928 se estrelló y murió cuando regresaba de hacer el primer vuelo México-EU, en Nueva Jersey./ **Fernández**, cineasta n. en 1904 en Coahuila. Estudió en el Colegio Militar y participó en la rebelión de De la Huerta. Se refugió en EU, donde trabajó como bailarín y actor. Regresó a México para actuar y dirigir. Una de las glorias del cine nacionalista.

EMMA, Dolujanoff. Psiquiatra mexicana n. en 1922. Médica cirujana por la UNAM, prestó sus servicios en diversos hospitales y elaboró exámenes de admisión para selección de alumnos en el Centro Universitario de Investigación. Autora de *Cuentos del desierto.*/ **Roldán**. Actriz potosina n. en 1893. Debutó en teatro, con Virginia Fábregas, a los 20 años. Hizo cine en Hollywood. Regresó a México en 1931, donde se convirtió en una sólida actriz de reparto. Actuó en más de cien filmes.

EMMANUEL. Hebreo, tocayo de *Manuel, nombre dado al Mesías por los profetas Isaías y Mateo*. **de Aldaco**, filántropo n. en 1689, fundó con Meave y Echeveste el Colegio de las Vizcaínas en 1767 en la Ciudad de México./ **Carballo**, escritor tapatío n. en 1929. A los 20 años fundó la revista *Ariel;* enseñó literatura en la Universidad de Guadalajara, fue director de dos programas literarios de televisión. Entre sus obras hay varias antologías de autores latinoamericanos y mexicanos.

ENRIQUE. Germánico. *El príncipe de la casa*. **Ballesté**, n. en la Ciudad de México en 1946. Estudió teatro en la UNAM, fundó el movimiento teatral CLETA; es autor de *Algunas partes, algún tiempo, Vida y obra de Balomismo, Una familia de gorilas.*/ **Bátiz**, pianista mexicano n. en 1941. Niño prodigio, fundó la Sinfónica del Estado de México y ha sido director huésped de 120 orquestas nacionales y extranjeras. En 1986, el gobierno de San Luis Potosí creó el Festival Enrique Bátiz./ **Bostelmann**, fotógrafo tapatío n. en 1939. Hizo estudios en Alemania, expuso en el país y en el extranjero. Autor de *América, un viaje por la injusticia* y *Estructura y biografía* de un objeto./ **Cabrera**, médico mexicano n. en 1918. Especializado en el fenómeno eléctrico del corazón, hizo importantes estudios de enfermedades cardiacas congénitas. Autor de *Teoría y práctica de la electrocardiografía*, m. en 1964.

ERACLIO. También Heraclio. Del griego *Heracles*, héroe hijo de Zeus y Alemena, *Hércules* para los latinos. Heraclio I, Monarca del Sacro Imperio de Oriente entre 575 y 641./ **Bernal**, n. en Santiago Papasquiaro, Dgo, en 1845. Encarcelado injustamente se volvió rebelde y bandido generoso, atacando sólo a los ricos y a los mineros de Durango y Sinaloa. Se ha vuelto legendario./ **Zepeda**, escritor chiapaneco n. en 1933. Autor de *Benzulul*, seguidor de la nueva corriente nacionalista, también ha sido actor, poeta y trotamundos.

ERASMO. Griego. *Amado*. **de Rotterdam**, llamado también *Desiderio*, significa lo mismo; o sea: *amado amado*. Erudito holandés n. en 1468. Ordenado sacerdote después de estudiar en París, viajó por toda Europa aprendiendo y enseñando. Humanista por excelencia, escribió *Adagios, Elogio de la locura, Ciceronianus*./ **Castellanos Quinto**, abogado veracruzano, n. en 1879. Catedrático de la Escuela Nacional Preparatoria, impartió literatura en la Facultad de Filosofía y Letras. Publicó varios libros de poemas. En 1947 obtuvo el premio de la Sociedad Cervantista de México. Tiene una estatua en la plaza de Loreto de México, DF.

ERÉNDIRA. Tarasco. *La que sonríe*. Princesa legendaria que participó en la defensa de Tzintzuntzán contra Cristóbal de Olid. Asedió a los conquistadores pero finalmente fue vencida. Fray Martín de Jesús la convirtió al cristianismo y sirvió de intérprete al monje.

ERMILO. Griego, con H, *El pequeño Hermes*. **Abreu Gómez**. Literato, autor de *Xtabay* y *Canek*. N. en Yucatán en 1894. Colaboró en la *Revista de Mérida*, y *El hijo pródigo*. Escribió drama, novela, literatura infantil y una serie sobre Sor Juana Inés de la Cruz.

ERNESTO. Germánico. *El pertinaz*. **Elordy**, zacatecano n. en 1855, estudió piano en Alemania con Clara Schumann y Antón Rubinstein. Luego en Turquía y París. Profesor del Conservatorio Nacional, compuso obras que mostraban la influencia de sus viajes./ **García Cabral**, caricaturista veracruzano n. en 1890. Estudió en San Carlos. Se inició en *La Tarántula*, semanario porfirista, y luego en *Multicolor*, antimaderista. Fue becado por el propio presidente para ir a París. Protagonizó dos películas. Fue agregado cultural de la legación en París. Realizó más de veinte mil cartones para diversos periódicos.

ERNESTINA. Fem. de Ernesto. **Garfias**. n. en México en 1933, se inició como actriz infantil y bailarina en Monterrey. Soprano, estudió canto en Milán y Roma. Debutó en México con *Rigoletto* y se le consideró la mejor "Gilda" contemporánea. Filmó *México de mis recuerdos* (2ª versión) y *Cuando los valses venían de Viena y los niños de París*.

ESTEBAN. Griego. *Guirnalda. Corona que ciñe*. **Martín**, probablemente el primer impresor de la Nueva España, anterior a Juan Pablos, llegado en 1535 y con un Memorial de fray Juan de Zumárraga fechado en marzo de 1538. *La Escala espiritual* pudo ser el primer libro impreso en América entre 1535 y 1538. Hizo muchos otros incunables americanos.

ESTER. Sin H. Variante de *Ishtar, la Venus de Babilonia*, de origen hebreo. *Estrella*. Reina de Persia por casarse con Asuero, lo mató para evitar una matanza de judíos./ **Fernández**, actriz jalisciense n. en 1920. Se inició como extra en *La mujer del puerto*. Luego actuó como en 60 filmes: *Allá en el Rancho Grande, Los de abajo, Flor de Durazno, Su última aventura*. Luego se dedicó a cantar en palenques y al retirarse se dedicó a la pintura y las artesanías.

ESPARTACO. Latino, del griego *Spártaxos*, ciudad de Tracia, donde nació el príncipe y esclavo romano que encabezó una revuelta de gladiadores y fue derrotado por Craso en Sicilia. Es célebre su arenga por la libertad.

ESTEVAN. Corrupción de *Esteban* (ver). **de Antuñano**, n. en Veracruz en 1792. Así escribía su nombre este hijo de españoles que se educó en Inglaterra. Establecido en Puebla y casado con una heredera de importantes haciendas, impulsó las industrias que aprovecharan las materias primas locales para hacer de México un país fuerte económicamente.

EVANGELINA. De raíces griega y francesa, significa *la que difunde la palabra de Dios*./ Posiblemente inventado por el poeta Longfellow, protagonista de su poema del mismo nombre./ **Elizondo**, artista mexicana n. en 1929. Actuaba en *Los de abajo* en 1950 cuando saltó a la fama al ganar el concurso de la voz en español de *La Cenicienta* de Walt Disney. Fue la primera directora de orquesta y filmó una veintena de películas. Retirada del cine, se dedicó a la pintura con excelentes resultados.

EZEQUIEL. Hebreo, *Dios es mi fuerza*. Profeta judío, considerado de los mayores, vivió en Jerusalén, entre 627 y 570 A.C. Tocayo de **Ezequías**, rey de Judá que se dedicó a establecer el culto divino. Enfrentó las invasiones asirias al establecer el culto divino en el siglo VIII A.C./ **Carrasco**, fotógrafo mexicano n. en Morelia. En la capital del país trabajó en el Observatorio Nacional de Tacubaya. En 1916 se inició en el cine, hizo documentales y el filme *La luz*. Dirigió *Luchando por el petróleo*; luego, *Abismos, Sendas del destino* y *Flor de fango*.

FANNY. De origen inglés, dim. de *Frances* = *Francisca*. **Anitúa**, n. en Durango en 1887. Cantante operática. Egresada del Conservatorio Nacional de Música, estudió en Italia. Actuó en *La Scala* de Milán. Regresó para dar clases de canto en el Conservatorio y la UNAM./ **Cano**, actriz de cine n. en Huetamo, Mich en 1945. María Cano, Damián fue su nombre real. Destacó por su bella figura cuando era reina de los estudiantes universitarios. Hizo cerca de 50 filmes, entre ellos: *Una mujer honesta, La güera Rodríguez* y varias telenovelas./ **Rabell**, artista plástica n. en 1924 en Polonia. Llegó a México en 1930. Estudió en La Esmeralda, fue ayudante de Diego Rivera. Ingresó en 1950 al Salón de la Plástica Mexicana y al Taller de Gráfica Popular. Desde 1951 ha expuesto en las principales capitales del mundo.

FÁTIMA. De origen árabe, hija de Mahoma n. en 633. Esposa de Alí. Personificación de las más altas virtudes, para los musulmanes./ Advocación de la Virgen en la C. de Portugal donde ocurrió el milagro en 1917, que se convirtió en santuario./ Danzarina "del vientre", en 1903 fue la primera víctima de la censura cinematográfica al ser sobrepuesta en su actuación de kinescopio una cerca de madera./ **Fernández Christlieb**, n. en México DF. Licenciada en Ciencias de la Información, conductora de radio y televisión. Autora de *Los medios de difusión masiva en México, La comunicación y la democracia en América Latina* y *América Latina en sus espectáculos.*

FEDERICO. Germánico. *Príncipe de la paz*. **Álvarez del Toro**, músico chiapaneco n. en 1953. Sus temas surgen de la naturaleza y emplea en sus obras instrumentos autóctonos y que siguen las tradiciones prehispánicas y populares. *Ozaomatli, El espíritu de la tierra, Mitl corazón joven*./ **Arana**, n. en Tizayuca, Hgo., en 1942. Biólogo, músico y dibujante, ha expuesto pintura en Europa, EU y México. Autor de la música de varias películas, escribió e ilustró *Ornitóteles, el pájaro filósofo* y *Huaraches de ante azul*, historia del rock mexicano./ **Campbell**, escritor n. en Tijuana, BC, en 1941. Estudió Derecho, Filosofía y Letras y Periodismo. Fundador de *La máquina de escribir*, ha publicado *Infame turba*, colección de artículos, *Conservaciones con escritores, Pretexta, Todo lo de las focas* y *Los Drothers*./ **Fellini**, cineasta italiano n. en 1920. Periodista y dibujante; de la corriente del neorrealismo, hizo *Las noches de Cabiria, La dulce vida, Amarcord*. Oscar en 1954 por *La calle*, con Giulietta Massina, su esposa, y Anthony Quinn./ **García Lorca**, poeta granadino n. en 1898. Terrenal y surrealista, amigo de Buñuel, hizo obras de teatro *La casa de Bernarda Alba, Yerma* y *El romancero gitano, Doña Rosita, la soltera*. Republicano, fue asesinado en 1936.

FELICIANO. Latino, patronímico de Félix. *Fértil, feraz, feliz*. **Béjar**, artista michoacano n. en 1920. Autodidacta, empleó gran cantidad de materiales para su expresión artística, incluyendo el vidrio y la tapicería. Escenógrafo teatral e ilustrador de libros de arte.

FELIPE. Griego. *Aficionado a los caballos*. **Ángeles**, militar revolucionario hidalguense n. en 1869. Alumno distinguido del Colegio Militar, a donde ingresó a los 14 años. Escribió textos sobre geometría, balística y física. Combatió a Zapata, pero reconoció la razón de su rebeldía./ **Carrillo Puerto**, luchador social n. en Mérida en 1872. Partidario de Madero, vivió desterrado en EU. Gobernador de Yucatán, en 1922, promulgó leyes de previsión social, trabajo, etc. Preso y muerto al triunfo de la revolución delahuertista, surgió la leyenda de la canción *Peregrina*, por su romance con la periodista Alma Reed (ver)./ **Casals**, cineasta n. en Zapopan, Jal. en 1937. Con estudios en París ha dirigido casi cincuenta filmes, entre ellos: *La manzana de la discordia, El jardín de la Tía Isabel, Emiliano Zapata, Los motivos de Luz*./ **de Jesús**, primer santo mexicano, n. en 1572. Ordenado franciscano, dejó la clausura y fue reprimido por sus padres, quienes lo enviaron a Manila para hacerse comerciante. Allí volvió a tomar los hábitos y llegó por accidente a Japón, y tras muchas vicisitudes fue sacrificado con otros frailes en 1597./ **El Hermoso**, rey de España n. en 1478, casó con Juana la Loca, hija de los *Reyes Católicos*. Fue padre de Carlos V (ver).

FÉLIX. Latino. *Feliz, feraz*. **María Calleja**, conde de Calderón, 60° virrey de la Nueva España, organizó el ejército que combatió a los insurgentes y venció a Hidalgo. Derrotado por Morelos, destacó por su crueldad con el enemigo./ **Candela**, arquitecto español n. en 1910. Llegó a México en 1939 y se nacionalizó en 1941. Experimentador con el concreto, creó estructuras paraboloides famosas: el Palacio de los Deportes, el restaurante Xochimilco, la capilla abierta de Cuernavaca y otras construcciones en EU, España y Arabia Saudita./ **Cuevas**, filántropo español que llegó a México a mediados del s. XIX, amasó una gran fortuna que legó al morir para dotar de habitación a los pobres. Los terrenos de la escuela

Rafael Dondé en la Colonia de los Doctores se adquirieron con ese dinero.

FERNANDO. Germánico, del godo *Ferdinando. Atrevido en la paz.* **de Alencastre,** 35° virrey de la Nueva España (1711-1716) organizó una expedición para colonizar Texas, fundó San Felipe de Linares, NL, y construyó el acueducto de los Arcos de Belén./ **Alba Ixtlilxóchitl,** mestizo descendiente de los reyes de Acolhuacán y Tenochtitlán, fue gobernador de Texcoco. Autor de la *Relación histórica de la nación tolteca* y de la *Historia Chichimeca./* **Benítez,** n. en la ciudad de México en 1912. Periodista desde 1934; promotor del indigenismo; creó el suplemento dominical de *El Nacional, México en la cultura, Diario de la Tarde.* Autor de *La ruta de Hernán Cortés, Los primeros mexicanos* y *El rey viejo* entre muchos más./ **de Fuentes,** veracruzano n. en 1875. Importante cineasta mexicano, pionero del cine sonoro, inventó los subtítulos para películas habladas en otros idiomas. Filmes: *El compadre Mendoza, Vámonos con Pancho Villa, Cruz diablo, Allá en el Rancho Grande./* **Soler,** actor mexicano n. en 1900. El mayor de la dinastía actoral, era el clásico calavera y porfirista de *México de mis recuerdos, El gran Calavera* de Buñuel, *Con su amable permiso* dirigida por él mismo. Hizo más de un centenar de películas.

FRANCES. Femenino en inglés de Francisca. **Erskine Inglis, Marquesa Calderón de la Barca.** n. en Edimburgo en 1804. Esposa del embajador de España en México entre 1839 y 1842. Escribió un célebre libro costumbrista *La vida en México.*

FRANCISCO. Gentilicio de Francia, *del país de los francos.* **Xavier Alegre,** teólogo n. en Veracruz en 1729. Novicio de la Compañía de Jesús, aprendió italiano, hebreo, griego y náhuatl, y pudo predicar en esta lengua./ **Araiza**, n. en la Ciudad de México en 1950. Cantante de ópera, estudió música desde los cuatro años, luego en el Conservatorio y con Irma González. Ha recorrido el mundo interpretando música culta. Tiene álbumes de música mexicana./ **Burgoa Orihuela**, n. en la Ciudad de México en 1918, doctor en Derecho por la UNAM, profesor y funcionario universitario, se le conoce como "El Rey del Amparo". Es el más destacado jurisconsulto de la actualidad./ **Corzas**, (1936-1983) pintor mexicano, desde 1950 presentó exposiciones individuales en Bellas Artes y el Museo de la Ciudad de México. Influido por Orozco y Rivera, plasmó personajes y ambientes de barrios pobres capitalinos./ **Gabilondo Soler**, "Cri Cri", compositor veracruzano n. en 1907. Fue boxeador y torero antes de ser pianista de radio conocido como "El Guasón del Teclado"; creó a su personaje y compuso más de 300 canciones y cuentos infantiles.

GABINO. Latino, gentilicio de *Gabi, puerto del Lacio, vecino de Roma*. **Barreda**, n. en Puebla, en 1818. Positivista absoluto, no se recibió de abogado por rechazar lo no comprobable. Luego estudió Química y Medicina. Fue médico militar durante la guerra contra los EU. Con Juárez eliminó la instrucción religiosa y promovió la creación de la Escuela

Nacional Preparatoria. Sus ideas inspiraron la fundación del Partido Científico en 1878.

GABRIEL. Hebreo. *Mi protector es Dios*. **Arcángel**. El que anunció a María que sería la madre de Jesús./ **Figueroa**, cinefotógrafo mexicano n. en 1908. Se inició con *Allá en el Rancho Grande*. El mejor y más reconocido mundialmente. Hizo gran equipo con Emilio Fernández (*La perla, María Candelaria, Río Escondido*). Premio Nacional de las Artes 1970. Miembro de la Academia de Ciencias y Artes Cinematográficas./ **García Márquez**, escritor colombiano n. en 1928. Periodista, en México hizo guionismo de cine. Autor de *Cien años de soledad, El coronel no tiene quien le escriba, Crónica de una muerte anunciada*. Premio Nobel de Literatura 1982./ **Ramos Millán**, político mexiquense n. en 1903. Fue diputado y senador. Fundó la comisión del Maíz, que promovió el uso de semillas híbridas mejoradas. Formó una gran biblioteca con Andrés Henestrosa y patrocinó a varios artistas y escritores.

GABRIELA. Fem. de Gabriel. **Brimer, Gaby**, n. en la ciudad de México en 1947. Paralítica cerebral y sólo pudiendo mover un dedo, estudió periodismo en la UNAM, con ayuda de una máquina de escribir eléctrica. Autora de tres libros de poemas, cartas y relatos. Hay una biografía de Elena Poniatowska y una película basada en su vida./ **Mistral**. Seudónimo de Lucila Godoy, poetista chilena n. en 1889. Maestra durante su juventud, se dio a conocer en 1915 con sus *Sonetos*. Luego *Desolación*, llenos de misticismo, pasión e intensidad. Premio Nobel de Literatura en 1945.

GENARO. Latino. Jenaro de *Januarios, enero*. **Estrada**, diplomático n. en Mazatlán en 1887. Maestro y secretario de la Escuela Nacional Preparatoria, ingresó al servicio diplomático en 1923. Embajador en Turquía y España, expuso la *Doctrina Estrada* donde manifiesta la no injerencia en asuntos de soberanía ajenos a países extranjeros./ **García**, abogado zacatecano n. en 1867. Diputado al Congreso de la Unión, catedrático de Jurisprudencia. Representó a México en España durante las fiestas del Centenario. Tradujo la obra de Herbert Spencer sobre México, y fue autor de varios textos, incluyendo su colección de *Documentos inéditos o raros para la historia de México* de 36 volúmenes.

GERMÁN. Latino, del germánico Hermann, de la tribu nórdica de este nombre. Significa *Hombre de la lanza*. **Gedovius**, pintor mexicano sordomudo, n. en 1867. Estudió en la Academia de San Carlos y en Alemania. Recorrió Italia, Francia y España. Representa el formalismo academicista de siglos pasados, como lo plasmó en sus retratos femeninos. Maestro de Orozco./ **Robles**, actor español n. en 1924. Radicado en México, hizo en cine sus mejores papeles como clásico vampiro estilo Bela Lugosi. También teatro y televisión.

GERTRUDIS. Germánico. *Lanza fiel*. **Bocanegra**, n. en Pátzcuaro, Mich., en 1765. Hija de rico comerciante español, influyó en su esposo y su hijo para que se unieran a la independencia; muertos en combate, fue delatada, aprehendida y fusilada en 1817./ **Gómez de Avellaneda**, escritora n. en 1814. Publicó sus poemas en El Museo Mexicano, autora de la novela sentimental *Cuautemoczin*, en favor del indigenismo dentro de la conquista./ **Sánchez**, masc. Revolucionario maderista, se levantó en Gómez Farías, Coah. Tras diversos combates, alcanzó el grado de general brigadier. Se enemistó su subalterno, el Gral. Amaro y luchó contra Villa. Prisionero de su ex subalterno Mastache, fue fusilado en 1915.

GILDA. Abreviatura italiana del gótico *Hermenegildo*, *"El que vale por su ganado"*. **Cruz Romo**, soprano tapatía, n. en 1936. En 1962 debutó con la Sinfónica Nacional. Integró la compañía de Ópera Nacional. En 1969 ingresó a la Ópera de Nueva York. Representó los papeles protagónicos de *La Traviata, El trovador, La forza del destino, Otello* y *El Payaso*./ Personaje central del filme del mismo nombre interpretado por Rita Hayworth en 1946, impositiva y seductora mujer, de las inmortales de la pantalla.

GINGER. Literalmente, *jenjibre*, variante de *Ginebra*, reina de Inglaterra, esposa del rey Arturo./ **Rogers**, bailarina y actriz estadounidense n. en 1911. Fue la pareja favorita de Fred Astaire en casi una decena de filmes. Oscar por actuación en 1956 en *Testigo contra la mafia*.

GIULIA. Italiano por *Julia, fem. de Julio*. **Cardinali**, n. en Milán en 1923. Doctora en arquitectura, en México realizó murales monumentales para los cines Ariel e Internacional con el título de *Abstracción* y una *Alegoría religiosa* en la Iglesia de Nuestra Señora de Clavería./ **Massina (Giulietta)**, actriz italiana, esposa de Federico Fellini, hizo *La calle, Las noches de Cabiria, Ginger y Fred*.

GLORIA. Latino. *Buena fama*. **Campobello**, bailarina n. en Hidalgo del Parral, Chih. en 1919. Hizo pareja con su hermana Nellie y destacaron como coreógrafas creadoras de espectáculos nacionalistas. De 1940 a 43 fue primera figura del Ballet de la Ciudad de México. Autora de *Ritmos indígenas*./ **Contreras**, bailarina n. en la Ciudad de México en 1934. Estudió en México y en Nueva York. Se inició en el Ballet de Nelsy Dambré y el Royal Ballet de Winnipeg, Canadá. Dirigió la Gloria Contreras Dance Company y el Taller Coreográfico de la UNAM. Realizó la coreografía de más de 70 obras./ **Marín**, actriz mexicana n. en 1919. En teatro desde los seis años, debutó en cine en *La casa del ogro*. Luego, *Los millones de Chaflán, Historia de un gran amor, Mecánica Nacional*. Esposa de Jorge Negrete en los 40, filmó alrededor de 150 películas.

GRACIELA. Latino. *Que tiene gracia*. **Campos**, "Chela", cancionista mexicana de radio, intérprete de Agustín Lara y Gonzalo Curiel en los 40 y 50. Conocida como "La dama del Bastón de Cristal"./ **Grace**, versión sajona de Gracia. **Slick**, vocalista del grupo de rock "Jefferson Airplane" n. en 1939.

GREGORIO. Griego. *Vigilante*. **de Gante** poeta poblano n. en 1890. Maestro dedicado al periodismo, partidario de Madero, fue encarcelado. Luego se unió a la Revolución y fue capitán. Desde 1924 comenzó a publicar poesía donde exaltaba tipos, costumbres y atuendos populares. Se acuñó el término "degantino" para señalar el estilo folklórico en poesía./ **Gelati**, militar n. en Guanajuato en 1805. Con el grado de coronel participó en la campaña de Texas a las órdenes de Santa Anna. Defensor del Molino del Rey, cayó combatiendo a los invasores norteamericanos.

GRISELDA. Germánico. *Batalla gris*. Personaje del *Decamerón*, popularizado por Chaucer en sus *Cuentos de Canterbury*. **Álvarez Ponce de León**, maestra normalista n. en 1918 en Guadalajara, Jal. Fue la primera mujer gobernadora en México, del estado de Colima, de 1979 a 1905.

GUADALUPE. De origen español y éste del árabe: *guarida de lobos*. En México es, después de María, el nombre más usado tanto para hombres como para mujeres, por la Virgen, Patrona de México. **Amor**, Pita, nació en México, DF en 1920. Poetisa de valor internacional, es autora de *Yo soy mi* *casa, Puerta Obstinada, Círculo de angustia.* Musa de varios pintores, fue la primera poetisa que tuvo programa de televisión para ella sola./ **Appendini**, periodista n. en Aguascalientes. Redactora de *Excélsior*, es autora de *Europa 63*, historia y costumbres de ese Continente, *Ramón López Velarde, sus rostros desconocidos*; descubrió la identidad de Jesús Pérez Gaona, el *Pito Pérez* de José Rubén Romero./ **Jones**, publirrelacionista bajacaliforniana n. en 1968. La primera mexicana en ganar el título de "Miss Universo", en 1990.

GUALTERIO. De origen gótico, español por Walter. Véase. Lo correcto es *Gutierre: Guerrero*. **Gutierre de Zetina, Gutierre Tibón**.

GUILLERMO. Germánico. *El protector voluntarioso*. **I, el Conquistador**, llamado así por haber dominado a Inglaterra en 1066, tras derrotar al rey Haroldo en la batalla de Hastings. Fundó la dinastía anglo normanda./ **González Camarena**, ingeniero tapatío n. en 1917. En la Ciudad de México, trabajó en el Departamento de Radio de la SEP. Construyó en 1934 su primera cámara de televisión, en 1939 inventó un sistema de TV a color. Fundó el canal experimental XHGC que salió al aire en 1952 con equipo hecho por él mismo./ **Tell**, legendario héroe suizo que desafió al tirano Hessler al partir con su flecha una manzana colocada sobre la cabeza de su hijo. Schiller le hizo una tragedia de cinco actos y Rossini una ópera.

GUNTHER. Germánico. *Ejército de batalla*. En español Guntero. **Gerzso**, artista plástico mexicano n. en 1915. De padre húngaro y madre alemana, vivió en Suiza, donde se inició en el arte. Escenógrafo, ingresó al cine; expuso más de 30 muestras individuales y publicó un libro sobre su vida en tres

idiomas./ **Grass**, escritor alemán, autor de *El tambor de hojalata*, autobiográfico de su niñez en el nazismo. **GUSTAVO.** Germánico. *El cetro divino*. **Baz Prada**, n. en Tlalnepantla, Méx. en 1894. Fue becado por Madero para estudiar Medicina. Combatió con Zapata y fue gobernador de su estado. Director de las escuelas Nacional de Medicina y la Médico Militar simultáneamente, actualizó sus cursos. Medalla Belisario Domínguez 1978./ **E. Campa**, músico mexicano n. en 1863. Integrante del Grupo de Los Siete; fundó el Instituto Musical con Castro y Villanueva en 1887. Director del Conservatorio Nacional de Música de 1907 a 1913. Autor de varios textos musicales y de la ópera *El rey poeta*./ **Flaubert**, n. en Francia en 1821, escritor costumbrista, crítico y revolucionario autor de *Madame Bovary*, por la que fue acusado de inmoral./ **César Carrión**, n. en 1916. Músico cinematográfico, ha escrito partituras para 400 filmes: *Yanco, Viento Negro, Adán y Eva*.

• • • • • • • • • • • • • • •

HARRY. Dim. de Haroldo, germánico. *El mando del ejército*. **Hamlin** actor estadounidense n. en 1951. Pareja de la actriz Ursula Andress, con quien hizo *Furia de Titanes*. Luego, televisión: *Se hará justicia*./ **James**, músico estadounidense n. en 1911. Llamado "El Rey de la trompeta" se inició en un circo; dirigió una orquesta de baile en la "era del *swing*".

Creador de *El blues de las trompetas, Ciribiribin, Me hiciste amarte*. Actuó en *Escuela de sirenas* junto a Esther Williams.

HEBERTO. Germánico, derivado de *Heriberto*. *El brillo del ejército*. **Castillo**, ingeniero veracruzano n. en 1920. Docente en la UNAM y el IPN. Articulista crítico en *Siempre, Excélsior, El Universal* y *Proceso*. Inventor de métodos estructurales, propuso unos ventiladores gigantescos para eliminar la contaminación en la Ciudad de México. Militante de oposición, ha sido diputado y senador.

HÉCTOR. Griego. *El que posee firmemente*. Personaje de *La Ilíada* de Homero./ **Aguilar Camín**, periodista y escritor nacido en Chetumal, QR en 1946. Doctor en Historia por El Colegio de México, director de la revista *Nexos* y la novela *Morir en el Golfo* que fue llevada al cine./ **Azar**, n. en Puebla en 1930. Maestro en letras españolas y francesas por la UNAM, profesor de arte dramático. Premio Mundial de Teatro en Nancy, Francia, en 1965. Director del Centro de Arte Dramático, AC (CADAC), autor de *Olímpica, Inmaculada, Juegos de Azar, Zoon Teatrikon*. Miembro de la Academia Mexicana de la Lengua.

HENRICO. Versión personal del Heinrich alemán, pues **Martínez** fue un cosmógrafo alemán, Enrico Martínez, que vivió en España en 1560. En México fue intérprete del Santo Oficio, pues hablaba siete idiomas. Creó el desagüe de la Ciudad de México.

HENRIQUE. Grafía portuguesa por *Enrique*. **González Casanova**, investigador universitario n. en 1924. Periodista, director fundador de la *Caseta de la UNAM*. Embajador en Portugal, ha publicado textos de antropología y sociología.

HELIA. Griego, fem. de *Helio, Sol*. **D'Acosta**, periodista orizabeña n. en 1923. Graduada en Letras por la UNAM, participó en la Comisión Redactora del Código del Menor. Publicó artículos en varias revistas y diarios. Hizo labor radiofónica y es autora de más de diez libros de narraciones y ensayos.

HELEN. Nombre en inglés por el griego Helena./ **Escobedo**, escultora mexicana n. en 1936. Estudió en la Universidad de las Américas y en Londres. Ha expuesto en forma individual y colectiva y su obra más destacada es *Puertas al viento*, estructura de concreto de 17 m. en la Ruta de la Amistad sobre el anillo periférico./ **Reddy** vocalista estadounidense n. en 1939. Apareció como monja cantante en *Aeropuerto 75*.

HÉRCULES. Griego. *Gloria de Hera*. Héroe de la mitología griega, dio muestras de su fuerza cuando, siendo aún bebé, estranguló dos serpientes enviadas por Juno. Alumno del centauro Quirón realizó sus célebres doce trabajos./ **Poirot**, personaje de ficción policiaca, creado por Agatha Christie (ver). Detective belga, muy meticuloso, pulcro, gran gastrónomo. *Los trabajos de Hércules, Poirot investiga, Telón*.

HERIBERTO. Germánico. *El brillo del ejército*. **Frías**, poeta queretano n. en 1870. Soldado desde 1889, sus primeros versos aparecieron en *El Debate*. En la campaña de Tomóchic advirtió la crueldad de la batida y publicó sus impresiones en *El Demócrata*, lo que le costó la cárcel. Prolífico periodista, fue subsecretario de Relaciones con Madero. Cónsul en Cádiz para Obregón. Escribió *¿Águila o Sol?*, su última obra.

HERMENEGILDO. Gótico, del germánico *El que vale por su ganado*. **Bustos**, n. en Guanajuato en 1832. Nevero de profesión, pintor en sus ratos de ocio, su obra fue descubierta por Francisco Orozco Muñoz. Hizo retablos, bodegones y retratos de sus familiares. Uno de lo máximos exponentes de la pintura popular mexicana del s. XIX./ **Galeana**, patriota mexicano n. en 1762. Se incorporó al ejército de Morelos en 1810 y participó en importantes acciones. Logró que los Bravo se unieran a la causa./ **L. Torres**, creador del PUP, vivió muchos años como conferencista explotando el humor despertado por demostrar que nadie se salva de la torpeza.

HERNÁN. Apócope de Hernando (ver). **Cortés**, n. en Medellín, España, en 1485. A los 19 años embarcó para América y fue soldado de fortuna. Conquistó Cuba con Diego Velázquez y con 600 hombres se lanzó a Tenochtitlán. Capitán General de la Nueva España en 1522. Murió en 1547.

HERNANDO. Variante de Fernando, germánico, del godo *Ferdinando*. *Atrevido en la paz*. **Alvarado Tezozómoc**, descendiente directo de Axayácatl y Moctezuma, n. en 1520. Fue intérprete de la Audiencia Real y autor de la *Crónica mexicana* "para que nunca olviden la tradición y la herencia de la gran ciudad y sus pobladores"./ **Avilés**, n. en San Juan, Puerto Rico, en 1922. Cancionista, en 1943, en Nueva York, fundó el trío Los Panchos, del que fue primera voz hasta 1957. Luego, Los Tres Reyes, hasta 1966. Luego fue solista.

HOMERO. Griego, *ciego*; se tiene la creencia de que el poeta autor de *La Ilíada* y *La Odisea* era ciego. **Aridjis**, n. en Michoacán en 1940. Periodista, dramaturgo y poeta, ha obtenido premios internacionales. Es miembro fundador del grupo ecologista Los Cien.

HORACIO. Latino, nombre de una familia romana, de *Hora, diosa de la juventud*. **Quinto = Flaco**, poeta romano n. en 65 A.C., estudió filosofía en Atenas. Amigo de Virgilio y Mecenas, protegido de Augusto. Su obra aborda los placeres sencillos y mundanos así como las reflexiones morales: *Epístolas, Sátiras, Odas*./ **Bates**, médico norteamericano que estaba convencido de que la gente no necesitaba lentes para tener una visión perfecta. Hizo sus estudios con ojos de pescados./ **Flores de la Peña**, economista coahuilense n. en 1923. Funcionario de Hacienda, de la ONU y el Banrural; profesor universitario, es autor de textos sobre problemas económicos de México.

HUBERTO. Germánico. *El que brilla por su espíritu*. **Batis**, n. en la ciudad de México en 1934. Maestro en lengua y literatura españolas, investigador literario, director y redactor en *Cuadernos del viento, Revista de Bellas Artes*. Autor de importantes ensayos críticos de esta disciplina./ **Hubert - Hubert**, personaje central de *Lolita* de Vladimir Nabokov, el maestro maduro que se enamora de la protagonista nínfula y pierde la razón.

HUGO. Eslavo, *sabiduría*. **Argüelles**, n. en Veracruz en 1932. Dramaturgo egresado de la escuela del INDA y de la

Facultad de Filosofía y Letras de la UNAM. Autor costumbrista y tremendista de *Los cuervos están de luto, El
tejedor de milagros, La ronda de la hechizada.*/ **D. Margain**,
abogado mexicano n. en 1913. Catedrático en el Colegio
de México, ingresó a la Secretaría de Hacienda, de la que
fue titular en los 70. Embajador en EU, Reino Unido e
Islandia, fue senador en 1988. Autor de más de 50 textos
sobre finanzas gubernamentales./ **Víctor**, apellido del célebre novelista francés, autor de *El jorobado de Nuestra
Señora de París* y *Los miserables.*

· · · · · · · · · · · · · ·

IGNACIO. Latino, modificación del celtibérico *Egnatitus, el fogoso* o del latín arcaico *Onatus, nacido*. **Manuel Altamirano**, n. en Tixtla, Gro. en 1834, hijo de indígenas puros, estudió en el Instituto Literario de Toluca. Discípulo de *El Nigromante* se dedicó al periodismo y luego a la política./ **Asúnsolo**, escultor n. en Durango en 1890. Estudió en la Escuela Nacional de Bellas Artes hasta 1913, cuando obtuvo una cátedra de dibujo allí mismo y el primer premio de escultura en la exposición Nacional. Participó en la Revolución, lo cual se reflejó en su obra: *Desolación, Soldadera muerta, La cola*, etc./ **Chávez**, médico n. en Zirándaro, Mich. en 1897. Rector de la Universidad de San Nicolás, se especializó en cardiología e hizo importantes aportes de proyección mundial. Rector de la UNAM de 1965 a 66. Fundó la Sociedad Mexicana de Cardiología./ **Juan = de Castorena y Ursúa**, n. en Zacatecas, se educó en San Ildefonso, doctor en Derecho por la Universidad de México, fundó un colegio de niñas en su terruño y publicó la *Gaceta de México* para ser el primer periodista mexicano. Fue obispo de Yucatán en 1731.

ILONA. Forma rumana de Elena. **Staller**, actriz italiana de cine erótico, conocida como "Cicciolina". Dedicada a la política, diputada por un partido de izquierda, después fundó su propio Partido Rosa del Amor.

IRASEMA. De origen tupí. *Salida de las abejas o de la miel.*
Personaje de la novela del mismo nombre, de José de Alen-
car. También **Irasema Dilián** actriz italiana que hizo carrera
en España y México en los años 50: *Fruto prohi-bido, Un
minuto de bondad.*
IRMA. Dim. de *Irmina*, germánico. *Fuerza*. **González**, cantante
mexicana n. en 1922. Debutó como soprano con la Sinfónica
de México a los 17 años. Entre las óperas que ha interpretado con más éxito destacan *La flauta mágica, Madame
Butterfly, La bohemia.* En México hizo 70 presentaciones de
la *I Sinfonía* de Beethoven durante 1981.
IRENE. Griego, significa *Paz*. **Joliot Curie**, física francesa n. en
1897. Hija de Pierre y Marie Curie, casó con Frederic Jio-
liot, ayudante de sus padres. Continuó las investigaciones
sobre radiactividad. Compartió con su esposo el premio
Nobel de Química en 1935.
ISAAC. Hebreo, *Él ríe*, por la incredulidad del patriarca de 100
años, cuando supo que sería padre. **Abeytua**. Literato español n. en 1892. Diputado a las Cortes Constituyentes en
1931. Llegó a México y se nacionalizó mexicano en 1949.
Cofundador de la revista *Tiempo* y colaborador en *Hoy,
Mañana* y *Heraldo de México*./ **Albéniz**, compositor español n. en 1860. Contribuyó a la identificación del carácter
nacionalista de la música de su país. Pianista, estudió con
Liszt. Autor de la *Suite Iberia, Pepita Jiménez* y el *Oratorio
Christus*./ Úsase también como apellido, de **Alberto**, caricaturista y cineasta colimense, campeón nacional de nata-
ción, en 1948. Director de *En este pueblo no hay ladrones,*

Días de amor, Olimpíada en México 60./ **Derliner**, autor del libro *La ciudad de los palacios* de 1936, ilustrado por Diego Rivera, elogia las bellezas de México en Yiddish.

ISABEL. Hebreo, *Dios es mi juramento*. Se emplea indistintamente masculino o femenino. **Allende**, escritora chilena, hija del médico **Salvador**, primer presidente socialista derrocado y muerto por las fuerzas pinochetistas. Autora de *La casa de los espíritus* y *De amor y de sombra.*/ **Arvide**, periodista n. en la Ciudad de México en 1951. Poetisa, autora de *Presencia nocturna*, sus obras aparecen en el diario *Excélsior.*/ **la Católica**, reina de Castilla n. en 1451. Esposa de Fernando de Aragón, intensificó la lucha contra los musulmanes y patrocinó a Cristóbal Colón en su viaje descubridor./ **José** = **Robles**, profesor zacatecano n. en 1891. Se levantó en armas contra Huerta. Constitucionalista, fue secretario de Guerra y Marina. Partidario de Eulalio Gutiérrez, volvió con Carranza pero se alzó de nuevo y fue fusilado en Oaxaca en 1917.

ISABELA. Variante de Isabel. **Corona**, actriz tapatía, se inició en el Teatro Ulises apoyada por el Dr. Atl. Debutó en cine en *La noche de los mayas*, premio a la mejor actriz; luego *El ángel negro, El niño y la niebla*. En teatro y televisión, recibió la medalla "Eduardo Arozamena" de la ANDA.

ISIDORO. Latino, y éste del griego *don de la Diosa Isis*. **Epstein**, cartógrafo y periodista alemán, llegó a México en 1851. Residente en Zacatecas y Aguascalientes, fundó periódicos y levantó la carta geográfica aguascalentense; dio clases de matemáticas y alemán. Autor de *La mortalidad en México*.

ISIDRO. Variante de Isidoro. **San** = **Labrador**, campesino y agricultor español del s. XII, patrono de Madrid./ **Fabela**, abogado mexiquense n. en 1882. Defensor de oficio, diputado, secretario de Relaciones Exteriores de Carranza, miembro de la Corte de Arbitraje de La Haya. Publicó cuentos, textos sobre diplomacia y de historia.

ISOLDA. Germánico. *Hecha de hierro*. Personaje de la novela medieval *Tristán e Isolda*.

• • • • • • • • • • • • • •

JACINTO. Del griego *hyakinthos*, planta con más de dos mil variedades; cuarzo cristalizado rojo oscuro./ **Caamaño**. Teniente de fragata en la segunda mitad del s. XVIII, ocupó Nutka, en Vancouver, Canadá para evitar la entrada de los ingleses en 1791. Exploró la costa norte hasta el Monte San Elías y confirmó que por ahí no había paso hacia el Atlántico./ **Canek**, indígena estudiante de latín e historia, n. en Campeche a mediados del s. XVII. Se rebeló contra el gobierno en noviembre de 1761; derrotado, se le condenó a morir un mes después.

JACQUELINE. Fem. de Jacques, Santiago en francés. En español debe ser Jaqueline. **Andere**, actriz mexicana de cine, teatro y televisión: *El juego de la guitarra, La dama de las camelias, Yesenia*./ **Kennedy Onassis**, periodista norteamericana n. en 1930. Su paso por la Casa Blanca significó un aire renovador a la política doméstica de los EU. Viuda del presidente JFK, casó luego con el naviero griego Aristóteles Onassis.

JAIME. Del inglés James, a su vez del hebreo Jacobo, *el suplantador*./ **García Terrés**. Abogado mexicano n. en 1924. Ocupó diversos cargos en el INBA y en la UNAM, director de la *Revista de la UNAM*. Director editorial del Fondo de Cultura Económica y de su *Gaceta*, es miembro del Colegio Nacional. Ensayista y poeta./ **Gagney**, James, actor y bailarín n. en 1899 en Nueva York, EU. Villano por excelencia, fue uno de los más importantes antigalanes del cine de los 30 y 40. *El enemigo público, Invasión a West Point, 1, 2, 3; El himno de la Victoria.*/ **Sabines**, poeta chiapaneco n. en 1926. Abandonó sus estudios de Medicina en México y estudió lengua y literatura castellanas. Ha obtenido varios premios de alcance nacional./ **Torres Bodet**, poeta mexicano n. en 1902. Estudió Leyes y Filosofía. Primer jefe del Dto. de Bibliotecas de las SEP. Ejerció la diplomacia en España, Holanda, Francia. Secretario de Relaciones Exteriores y director general de la UNESCO.

JAVIER. Vasco, de *Etcheberr. Casa nueva* (véase también **Xavier**)./ **Barros Sierra**, n. en la ciudad de México en 1915. Ingeniero civil y maestro en ciencias, fue académico de número en la Preparatoria, fundó el Instituto de Ingeniería. Rector de la UNAM en 1960, sus opiniones al respecto aparecen en su libro *Conversaciones* de Gastón García Cantú./ **Mina**, nació en España en 1709. En Londres conoció a Fray Servando Teresa de Mier y se adhirió a la causa insurgente. Fue derrotado en Caja de Agua y fusilado en 1817.

JEAN. Francés por Juan (ver)./ **Renoir**, cineasta n. en 1894. Hijo del pintor Pierre Auguste. Entre su importante obra destaca *Doudou salvado de las aguas, Los bajos fondos* y *La bestia humana.*

JEREMÍAS. Hebreo. *Exaltado por Yahvé*. Profeta hebreo del s.IX A.C. Predijo la destrucción de Jerusalén por los babilonios./ **Jeremy Irons** actor británico n. en 1948. Protagonista de *La misión, La casa de los espíritus, M. Butterfly.*

JERÓNIMO. Griego. *El de nombre sagrado*. **De Aguilar**. Sacerdote n. en España en 1489, naufragó en las costas de Yucatán, fue esclavizado por los mayas, aprendió maya y náhuatl; sirvió de intérprete a Cortés cuando la conquista./ **Baqueiro Foster** n. en Campeche en 1890. Maestro de flauta en Yucatán, fue discípulo de Julián Carrillo y divulgó la teoría del Sonido 13. Dedicado al periodismo y la crítica musical, publicó sus artículos en *El Nacional* y dirigió la *Revista Musical Mexicana*. Escribió cursos de solfeo y textos de historia.

JESÚS. Hebreo, forma abreviada de Josué. *Yhavé salva*. **H. Abitia.** N. en 1881, pionero del cine mexicano, filmó sucesos de la Revolución Mexicana. Designado por Carranza *El fotógrafo constitucionalista*. Fundó los primeros estudios de cine, la Escuela de Arte y Fotografía e inventó varios instrumentos musicales./ **Arriaga**, popular "bandido generoso" conocido como "Chucho el Roto" por su indumentaria y maneras, m. en la prisión de Belén en 1885./ **Bal y Gay**, n. en Galicia, España, en 1905. Estudió música en el Conservatorio de Madrid y luego historia y folklore. Maestro de Literatura Española en Cambridge, Inglaterra, vino a México en 1930. Dio diversos cursos y publicó estudios y tratado sobre música, folklore e historia. Es autor de música de concierto.

JOAQUÍN. Hebreo. *Yahvé dispondrá*. **San**, esposo de Ana y padre de la Virgen María./ **Amaro**, general revolucionario n. en Zacatecas, en 1889. Unido a la causa maderista combatió a Bernardo Reyes y a Emiliano Zapata. Logró una gran cultura a pesar de sus modestos orígenes, y dominó varios idiomas. Se le considera el organizador del moderno ejército mexicano./ **Clausell**, n. en Campeche en 1866, abogado que emigró a Europa, donde comenzó a pintar líricamente. Socialista y opositor al gobierno, colaboró con *El hijo del Ahuizote, El diario del Hogar*. Hizo amistad con el Dr. Atl y fue uno de los mejores paisajistas mexicanos de tendencia impresionista./ **José = Fernández de Lizardi**, n. en 1776. Llamado "El Pensador Mexicano", bachiller y teólogo, escribía en *El Diario de México*. Amigo de Josefa Ortiz de Domínguez, simpatizó con la causa insurgente. Fundó un periódico con su apodo donde debatía sobre asuntos libertarios. Autor de *El Periquillo Sarniento,* criticó la sociedad de su tiempo.

JONÁS. Derivado griego del *Jonah* hebreo. *Paloma*. Personaje bíblico, hijo de Amital. Uno de los profetas, se negó a predicar en Nínive, y como castigo divino fue tragado por una ballena./ **Salk**, científico estadounidense n. en 1914. Descubrió la vacuna contra la polio, a los 39 años. En los últimos años se dedicó a buscar una cura al sida, m. en 1994.

JONATÁN. Hebreo. *Don de Yahvé* (en inglés es Jonathan y se pronuncia Yónatan). Príncipe israelita n. en el s. XI A.C. Hijo de Saúl y amigo de David. Combatió a los filisteos.

JORGE. Griego. *Relativo al trabajo de la tierra, agricultor*. **Aguilar Mora**, escritor n. en Chihuahua en 1946, considerado entre los más importantes de su generación. Autor de *Cadáver lleno de mundo, Si muero lejos de ti* y *Divina pareja*./ **Carpizo MacGregor**. Campechano n. en 1944.

Abogado y doctor en Derecho por la UNAM, fue rector de la misma; fue asimismo secretario de Gobernación con Salinas de Gortari, primer *ombudsman* mexicano en la Comisión Nacional de Derechos Humanos./ **Carreño**, artista poblano n. en 1929. Estudió en la Academia de Bellas Artes de Puebla y en La Esmeralda del DF. Caricaturista, fue portadista de *Siempre*, al ocupar el puesto de Arias Bernal.

JOSÉ. Hebreo. *Dios acrecienta*. El más famoso es el bíblico carpintero padre putativo de Jesús./ Patriarca hebreo, hijo de Jacob y Raquel. Vendido por sus hermanos, fue esclavo en Egipto, donde fue consejero del faraón./ **Ignacio Bartolache**, n. en Guanajuato en 1739. Médico y matemático, publicó la primera revista médica del continente, *El Mercurio Volante;* cartesiano convencido, es autor de *Lecciones matemáticas, Noticias plausibles para sanos y enfermos* y *Observaciones astronómicas del paso de Venus por el disco del Sol*./ **de la Borda (Joseph de Laborde)**, n. en Francia en 1700. Muy joven en México, se dedicó a la minería. Obtuvo tal fortuna que invirtió un millón de pesos en la erección de la iglesia de Santa Prisca en Taxco y creó en Cuernavaca el jardín que lleva su nombre. Se dice que marcaba a fuego a sus mineros./ **Zorrilla**, escritor español n. en 1817. Vino a México en 1865 invitado por Maximiliano, para encargarse del Teatro Nacional. Autor de *El zapatero y el rey, El capitán Montoya, Don Juan Tenorio*.

JOSEFINA. Dim. de Josefa, femenino de José. **Aguilar**, "Chacha", cantante de ópera n. en Morelia, Mich. en 1904. En los años

30 triunfó en Europa y en EU, con Manuel de Falla, Iturbi y Toscanini.

JUAN. Hebreo. *Yahvé es misericordioso*. Nombre de uno de los discípulos de Jesús./**Aldama**, n. en San Miguel El Grande, Gto. en 1774. Teniente del Cuerpo de Dragones Provinciales de la reina, se unió a Allende y Abasolo en la conspiración de Valladolid de 1809. Jefe insurgente que acompañó a Hidalgo al iniciar la guerra de independencia./ **Álvarez**, n. en Morelos; ascendió desde raso a capitán. Héroe de la batalla de Acapulco, fue presidente de México en 1855. Convocó al Congreso Constituyente de 1857 y luchó en la Guerra de Tres Años y contra la intervención francesa./ **Arvizu**, n. en Querétaro en 1915. Telegrafista, estudió declamación y canto en el Conservatorio Nacional de Música. Inauguró la radiodifusora XEW y se le conoció como "El Tenor de la Voz de Seda". Fue el primer cantante mexicano que grabó discos en 1925./ **de la Cierva**, inventor español n. en 1896. En 1928 inventó el autogiro, antecedente del helicóptero, pero fue despojado de su proyecto.

JUANA. Hebreo, fem. de Juan. **Inés de la Cruz**, religiosa y poetisa mexicana, n. en Nepantla, en 1651, llamada Juana de Asbaje. Protegida por el virrey de la Laguna y corresponsal de Luis de Góngora. Llamada "La Décima Musa", es autora de *El divino Narciso, Los empeños de una casa* y muchos poemas más./ **Papisa**. Personaje eclesiástico semilegendario del s. IX. Mujer que se hizo pasar por hombre y ascendió al trono pontificio./ **La Loca**, reina de Castilla, n. en Toledo en 1497. Hija de los "Reyes Católicos", esposa de Felipe el Hermoso.

Gobernó Castilla con su esposo, pero perdió la razón al morir éste.

JULIÁN. Latino, patronímico de *Ioulius*. **Carrillo**, n. en Ahualulco, SLP, en 1875. Estudió música desde los diez años; ejecutante de timbales y violín. Becado por Porfirio Díaz en Leipzig, ganó el Concurso Internacional de Violín en 1904. Descubridor del "Sonido Trece", obtuvo 4,640 sonidos distintos en la octava entre la y sol. No sirve para nada./ **Soler**, actor mexicano, el menor de la dinastía, fue galán en los años 30 y 40. Después se dedicó a dirigir. *Miguel Strogoff, Los amantes fríos*.

JULIO. Latino, derivado de *Ioulius*, y éste del griego *Dyaus. Cielo*. **César, Cayo**, político romano, cónsul tras la guerra de las Galias, gobernó como dictador hasta su asesinato por los tribunos dirigidos por Bruto. Modificó el calendario y dio su nombre a uno de los meses./ **Bracho**, n. en Durango en 1909, estudiante de arte dramático, fundó el teatro Orientación, el de los Trabajadores y el de la Universidad en el Palacio de Bellas Artes. En 1941 se inició dirigiendo cine. Entre sus filmes, *Historia de un gran amor, Rosenda, Canasta de cuentos mexicanos*./ **Scherer García**, periodista mexicano n. en 1926. Con estudios de Derecho y Filosofía, se inició como reportero en *Excélsior* donde llegó a ser director general en la que fue la mejor época del diario. Entrevistó a grandes personalidades. Fundó la revista *Proceso* y fue Premio Nacional de Periodismo.

JUNÍPERO. Por la planta de enebro, *ginebro*. **Serra**, religioso español n. en Mallorca en 1713. Llegó a México en 1749 y emprendió la catequización en Baja California. Fundó cinco misiones en cuatro años.

JUSTO. Latino, *el honrado, íntegro*. **Sierra**, educador campechano n. en 1848. Estudió para abogado en San Ildefonso. Colaboró en *El Monitor Republicano* de 1868. Diputado y magistrado de la Suprema Corte, fue subsecretario de Educación y promovió la fundación de la Universidad Nacional. La UNAM lo declaró "Maestro de América".

JUVENTINO. Latino, *juventud*. **Rosas,** músico guanajuatense n. en 1868. Aprendió en familia el violín y formó un trío que ganó cierta fama. En la Ciudad de México trabajó como campanero en la iglesia de Tepito. Estudió en el Conservatorio y dio a conocer sus composiciones. La más famosa mundialmente es *Sobre las olas*. Murió de cirrosis en Cuba.

· · · · · · · · · · · · · · ·

KELLY. Inglés fem. dim. de *Jaqueline* (ver). **Preston**, gimnasta olímpica estadounidense n. en 1969. Ahora es comentarista deportiva en TV.

KIM. Inglés. Abreviado de *Kimberley, por la población sudafricana y su relación con los diamantes*. **Basinger**, modelo y luego actriz, n. en 1953. Una vez compró su pueblo natal incluida su iglesia. Debutó en *Hard country*. Símbolo sexual de los 80, hizo *Nunca digas nunca jamás, Nueve semanas y media, Batman*./ **Novak**, actriz estadounidense n. en 1926. Se inició como modelo y tuvo que cambiar su nombre, Marilyn, por el éxito de Marilyn Monroe. Estelarizó *Picnic, El hombre del brazo de oro, Bésame tonto*.

KURT. Germánico de Curcio, latino. *Cortado, trunco*. **Cobain**, cantante de *rock* n. en 1957. Director y guitarrista del grupo Nirvana. Se suicidó en 1994 de un escopetazo./ **Malaparte**, seudónimo del novelista italiano Erich Zuckert n. en 1874. Antifascista, escribió *Kaputt, La piel, Gog*. Asimismo, *La técnica del golpe de estado*, tal vez la de mayor éxito editorial.

· · · · · · · · · · · · · · ·

LAWRENCE. Lorenzo (ver) en inglés. **de Arabia**, apodo del espía inglés Thomas E. Lawrence durante la Primera

Guerra Mundial. Influyó en la independencia de los pueblos árabes. Escribió *Los siete pilares de la sabiduría*, acerca de la filosofía y cultura del Cercano Oriente./ **Oliver**, se escribe con **u** en lugar de **w**. Actor británico n. en 1908. Director de Teatro Old Vic, gran intérprete de Shakespeare. Actuó y dirigió cine: *Rebeca, Hamlet, Espartaco.*

LARRY. Dim. de Lawrence. **Adler**, n. en 1914, músico estadounidense virtuoso de la armónica, intérprete de música popular./ **Hagman**, actor estadounidense n. en 1931. Estrella de televisión, de las series *Mi bella genio* y *Dallas*, ha hecho poco cine: *Las águilas atacan.*

LÁZARO. Forma latina del hebreo *Eleazar, Dios me ayudará.* **de Betania**, el resucitado por Jesús./ **Cárdenas**, n. en Jiquilpan, Mich., en 1895. Cajista de imprenta, en la revolución se unió al maderismo al ser perseguido por los huertistas. Apoyó a Carranza en 1920, fue gobernador de su estado y presidente de la República en 1934 - 40. Expropió el petróleo en 1938.

LEONARDA. Fem. de *Leonardo* (ver). **González**, patriota regiomontana n. en 1833. Sirvió de correo a la causa republicana durante la intervención francesa. Transportó también armas. Aunque perseguida, nunca pudo ser detenida. La película *Dos mulas para la hermana Sara* pudo haberse inspirado en su historia.

LEONARDO. Compuesto del latino *león* con el germánico *fuerte. Atrevido.* **Bravo**, n. en Chilpancingo, en 1764. Jefe de acomodada familia criolla, acosado por los realistas, fue obligado a unirse a la independencia; padre de Nicolás, es uno de los primeros héroes y mártires de la Patria./ **Márquez**, militar mexicano n. en 1820. Participó en la guerra de Texas.

Siempre partidario de los conservadores, se ganó el apodo de "El tigre de Tacubaya" por su crueldad. En 1862 se unió a los franceses y a la caída de Maximiliano huyó del país.

LEÓNIDAS. Griego. *De la familia de los leones*. Rey de Esparta en 490 A.C. Defendió el Paso de las Termópilas contra la invasión de Jerjes, pero murió al frente de sus 300 soldados./ **Rafael = Trujillo**, dictador dominicano durante 30 años, n. en 1891. Cambió el nombre de la capital Santo Domingo, por Ciudad Trujillo. Fue asesinado en 1961./ **Yerovi**, poeta peruano n. en 1881. Destacó por su obra humorística y sentimental: *La gente loca, Abraham Lima, La pícara suerte*.

LEONORA. Variante de *Eleonor*, del provenzal *aliénor, crecer*. **Carrington**. N. en Inglaterra, estudió dibujo y pintura. Con Max Ernst se unió al surrealismo parisiense. Por la II Guerra Mundial huyó a España y casó con Renato Leduc, con quien vino a México. Se divorció y radicó aquí, naturalizándose. *La octava sonrisa, Play telephone, La dama oval*, son algunas de sus obras.

LEOPOLDO. Germánico. *Audaz entre la gente*. **Beristáin**, "El Cuatezón", actor cómico mexicano n. en 1876. Pionero del teatro popular; adolescente, se unió a una compañía teatral de Virginia Fábregas; fomentó lo mexicano en las zarzuelas de la época y fue el primero que apareció en escena vestido de charro./ *Río de la Loza*, médico mexicano n. en 1807. Botánico y químico, colaboró a combatir la epidemia de cólera que azotó a la capital en 1833. Fue el primero que obtuvo en México oxígeno, anhídrido carbónico y nitrogeno de la atmósfera.

LETICIA. Latino. *Alegría*. **Palma**, actriz de cine y teatro. Se inició
en 1942 como bailarina de flamenco. Entró al cine como
extra y pronto obtuvo estelares. *Hipócrita, En la palma de
tu mano.*

LEWIS. Variante de Louis, inglés de Luis. **Wallace**, coronel
norteamericano autor de la célebre novela *Ben Hur*./ **Stone**,
novelista norteamericano autor de la celebrada biografía de
Vicent Van Gogh *Anhelo de vivir*./ También como apellido
en **Jerry** (**Lewis**), cómico y director n. en 1926. Hizo pareja con el cantante Dean Martin. Después solo, actuó sus
propios filmes: *El delincuente, Érase una vez un ceni-
ciento, El profesor chiflado.*

LILIA. Latino, *lirio, pureza*. **Carrillo**, pintora mexicana n. en
1930. Estudió en La Esmeralda y en París. En 1955 expuso
por primera vez en *La Maison du Mexique* y en la *Artistes
Étrangers* en Francia. Luego en el Museo de Arte Moderno
de la Ciudad de México. De tendencia abstracta, fue una de
las más destacadas pintoras contemporáneas. Falleció en
1974./ **Damita** (**Lili**), actriz estadounidense n. en Francia en
1905. Hizo una docena de filmes antes de casarse, en 1935,
con Erroll Flynn. Madre del único hijo conocido del actor, y
que desapareció en Camboya en 1970./ **Lilith**, mujer que
vivió antes que Eva; aparentemente fue la primera pareja de
Adán.

LINDA. Sajón de origen germánico, abreviación de *Herlinda*.
Hamilton, actriz de cine estadounidense n. en 1956. Protagonista de *Terminator y Terminator II, Luna Negra*. En TV
fue "la bella" de *La bella y la bestia* con Ron Perlman.

LOLA. Dim. de Dolores (ver), de origen español. **Álvarez Bravo**, fotógrafa mexicana n. en 1907. Especializada en obras de escultores, grabadores y pintores, así como registradora de monumentos arqueológicos y tipos humanos y escenas de la vida popular./ **Casanova**, hija de un potentado de Guaymas, fue secuestrada por indios seris a fines del s. XIX y se casó con el jefe Coyote-Iguana, convirtiéndose en "reina de los seris". Se transformó en una mujer seri./ **Cueto**, pintora mexicana n. en 1897. Estudió en la Escuela Nacional de Artes Plásticas con Carlos Alvarado Lang. Especialista en grabado, lacas y papel picado, hizo tapicería y teatro guiñol. Son famosos sus temas religiosos como *La Natividad, La última cena* y *San Eustaquio en cacería.*

LOLITA. Dim. del dim. *Lola.* **Ayala**, n. en la Ciudad de México, estudió para ser traductora simultánea; periodista y conductora de televisión, dirige el programa *Muchas noticias.*/ **de la Colina**. Compositora mexicana n. en 1941. Tuvo algunos éxitos en los años 70. Emigró a Puerto Rico.

LORENZO. Latino, forma evolucionada del gentilicio *Laurentium, de la ciudad del Lacio.* **Barcelata**, n. en Veracruz en 1898. Aprendió a tocar guitarra mientras estudiaba secundaria. Abandonó la burocracia para dedicarse a la composición y en 1926 formó varios grupos musicales. Hizo música para varias películas y actuó en otras; compuso canciones ahora consagradas./ **Boturini**, n. en Como, Italia, en 1702. Caballero del Sacro Imperio Romano, conoció a la hija de la condesa de Moctezuma, quien le dio poderes para cobrar pensiones vencidas. Vivió ocho años en la Nueva

España, donde fue encarcelado. Exonerado, fue nombrado cronista real de las Indias./ **Garza**. Torero regiomontano apodado "El ave de las tempestades", n. en 1908. En 1931 se presentó en El Toreo. Pasó a España y recibió la alternativa de Juan Belmonte. Ganó la primera preja de Oro en 1935. Hizo dos filmes y se retiró en 1965.

LUCAS. Posible contracción del latino *Lucano, matutino*. Médico griego n. en el s. I en Antioquía, autor del *Evangelio* de su nombre y de *Hechos de los apóstoles*./ **Alamán**, historiador y político mexicano n. en 1792. Representante del país en las Cortes de Cádiz para reconocer la independencia; ministro de Relaciones Exteriores. Creó el Archivo General y el Museo de Antigüedades.

LUCÍA. Latino. *Iluminada, estrella*. **Santa**, virgen y mártir cristiana durante là persecución de Diocleciano, patrona de los ciegos./ **de Lamermoor**, ópera de Cayetano Donizetti donde se manifiestan el amor, el despecho y el dolor, naturalmente. Destaca el "Aria de la Locura"./ **Méndez**. Actriz mexicana n. en 1955. Se inició como modelo, fue "El rostro del 70". Destacó en telenovelas: *Colorina, Vanessa, Señora Tentación*.

LUCIO. Latino, masculino de Lucía, se aplicaba a los nacidos al amanecer. **Mendieta** y **Núñez**, abogado mexicano n. en 1896. Desempeñó numerosos cargos como funcionario de gobierno y en la UNAM. Fundó varias revistas de contenido sociológico y publicó libros y artículos críticos y de historia de Sociología y Derecho./ **Rafael,** médico mexicano n. en 1819. De los pioneros en la investigación de la lepra en el país. Una calle de la ciudad de México lleva su nombre.

LUCIANO. Latino, patronímico de Lucinio, que *pertenece a Lucinia*. **Biart**, n. en Versalles en 1829. Naturalista y escritor francés, vivió muchos años en Orizaba, Ver. Autor de libros sobre la naturaleza y las costumbres mexicanas.

LUIS. Germánico. *Guerrero ilustre*. Nombre de varios reyes franceses de la dinastía de los Capetos. **G. Basurto**, n. en Villa de Guadalupe, DF, en 1921. Desde los 15 años se dedicó al periodismo. Fue comentarista y editorialista en televisión. Dramaturgo de tendencia mística, escribió 24 obras, entre ellas: *Miércoles de ceniza, Con la frente en el polvo* y *Cada quien su vida*./ **Buñuel**, n. en Aragón, España, en 1900. Interesado en el cine desde 1924, amigo de García Lorca, hizo teatro y se recibió de maestro en filosofía. En París hizo con Dalí la primera película surrealista *Un perro andaluz*, luego *La edad de oro* y *Las hurdes*. En México desde 1946 hizo *Gran Casino, Los olvidados, Nazarín*. Murió en 1980./ **Cabrera**, abogado mexicano n. en 1876. Periodista en 1906 en *El noticioso*, fue corrector, impresor y cronista teatral y taurino. Director de la Escuela Nacional de Jurisprudencia, diputado federal, agente confidencial en los EU por parte de Carranza. Ideólogo del constitucionalismo, es el padre de la Ley Agraria./ **de León, Fray**, fraile Agustino n. en 1527 en España. Máximo exponente de la escuela de Salamanca. Escribió *La perfecta casada, Odas a Felipe Ruiz, Noche serena*.

LUKE. Sajón por Lucas. **Perry**, actor estadounidense n. en 1966. Estrella de la serie de *TV Beverly Hills 90210*. Fue votado por sus compañeras en preparatoria como "el más grande ligue del semestre".

LUPERCO. Latino, *que defiende de los lobos. El dios Fauno representado como pastor.* **Fiestas lupercales**, las celebradas en honor de Luperco, el 15 de febrero.

LUZ. Por Nuestra Señora de la Luz. **Saviñón**, filántropa poblana n. en 1850. Casada con el millonario Bartolomé Saviñón, no tuvo hijos, por lo que destinó su fortuna a obras de beneficencia. Fundó un colegio y un montepío que llevan su nombre. Al inaugurarse éste último, Porfirio Díaz empeñó la cadena de su reloj en 35 pesos.

• • • • • • • • • • • • • • •

MACARIO. Griego. *Bienaventurado*. Personaje del cuento de B. Traven, inspirado en *El ahijado de la muerte* de los hermanos Grimm. Película de Roberto Gavaldón con Ignacio López Tarso (1959), la cinta mexicana más premiada en el mundo./ **Gaxiola,** soldado sinaloense n. en 1890. Combatió contra Huerta y fue jefe del ejército de Álvaro Obregón. Se adhirió al Plan de Agua Prieta. Gobernó su estado de 1929 a 1932.

MACEDONIO. Griego, *originario de la ciudad de Macedonia*. **Alcalá**, músico y compositor n. en Oaxaca, autor del vals *Dios nunca muere,* considerado el himno regional de su estado natal.

MAGDA. Apócope del hebreo *Magdalena*. **Donato**, nombre artístico de Carmen Nelken Masberger, actriz española n. en 1902. Atrevida periodista, ingresó al manicomio y a la cárcel de mujeres para observar la situación de esos lugares. Escribió cuento infantil. En México desde 1940, hizo intensa vida artística. Instituyó el Premio Magda Donato para estimular el quehacer artístico.

MALKAH. Hebreo, fem. de *Malaquías, el mensajero de Yahvé.* **Rabell,** escritora n. en 1921 en Polonia. En México desde 1937. Estudió Filosofía y Letras en la UNAM. Crítica de teatro, ha publicado *En el umbral de los ghettos, Tormenta sobre el Plata y Ensayos sobre el teatro judío moderno.*

MANUEL. Hebreo, tocayo de *Emmanuel, con nosotros está Dios. Nombre dado al Mesías por los profetas Isaías y Mateo.*/ **Abad** y **Queipo**, obispo de Michoacán a principios del s.

XIX, simpatizó con los insurgentes y fue acosado por el virrey; en España fue nombrado Ministro de Justicia, pero fue encarcelado por la Inquisición y murió en prisión en 1825./ **Acuña**, poeta coahuilense n. en 1849. Autor del célebre *Nocturno a Rosario,* hizo elegías como *Ante un cadáver,* y poesía humorística./ **Arias Bernal,** n. en 1913. Egresado de la Academia de San Carlos, fue caricaturista, colaboró en *Don Ferruco, El Fufurufo, Hoy, Mañana, Siempre.* Medalla María Moors Cabot por sus tiras cómicas *Don Timorato* y *El sueño de Hitler.* Sus cartones aparecían en *Collier's, Life* y *The New York Times./* **Azueta,** n, en Pueblo Viejo, Ver., en 1862. Héroe de Veracruz en 1914, ingresó en el Colegio Militar en 1878, se perfeccionó en España y con el grado de comodoro defendió la Escuela Naval Militar en 1914, siendo su director.

MANUELA. Fem. de Manuel. **Sainz**, patriota venezolana, intervino en la lucha de independencia de diversos países sudamericanos. Fue compañera de Simón Bolívar.

MARCELINO. Latino, dim. de Marcelo, a su vez, dim. de Marcos (ver). **García Barragán**, militar n. en Jalisco en 1895. Revolucionario desde 1913; director del Colegio Militar en 1941, gobernador de su estado (1943 - 47). Apoyó a Miguel Henriquez Guzmán para la presidencia frente a Ruiz Cortines. Secretario de Defensa en 1964 - 70.

MARCOS. Latino. *Marticus, derivado de Marte.* Nombre de uno de los discípulos de San Pedro, evangelista./ **Cipac,** primer pintor indio conocido, famoso alrededor de 1555, autor del retablo de la capilla del convento de San Francisco. Fue quien pintó la imagen de la Virgen de Guadalupe venerada en el Tepeyac./ **Jiménez**. Músico michoacano n. en 1882. Desde niño en bandas de su pueblo, pasó a la Ciudad de México y trabajó en *El Imparcial* y *Excélsior*. Tuvo a su cargo la página musical de *Revista de revistas*. Compuso *Adiós Mariquita linda, Acércate a tu ventana, Serenata azul*.

MARGARITA. Latino. *Perla*, derivado del persa a través del griego, *murvarid, criatura de luz*. **Chorné Salazar**, odontóloga mexicana n. en 1861. Contra los prejuicios de su época, se inscribió en la Escuela Nacional de Odontología y desarrolló una brillante carrera. Fue la primera mujer graduada en la Universidad y la primera que aplicó el éter como anestesia general./ **Landon**, escritora norteamericana n. en 1903. Cobró fama cuando su novela *Ana y el rey de Siam* se llevó al teatro en Broadway y luego a la pantalla./ **Xirgu**, actriz española n. en 1888. Se inició haciendo teatro en Madrid y en América. Residió en Argentina desde 1936; en México representó obras clásicas y contemporáneas españolas. Murió en Montevideo, Uruguay, en 1969.

MARGARITO. Masc. de Margarita. **Ramírez**, político jalisciense n. en 1891. Trabajador ferrocarrilero, entró a la política por haber ayudado a Álvaro Obregón a salir de la ciudad de México cuando era perseguido por Carranza. Gobernador interino de su estado, senador, director del penal de las Islas Marías y gobernador de Quintana Roo./ **Ledesma**, poeta involuntario, cantor de Chamacuero, autor de poemas humorísticos en 1950.

MARGO. El nombre propio Margarita en francés, por *Margot*. **Slantz**, profesora mexicana n. en 1930. Maestra en letras por la UNAM, dirigió la revista "Punto de Partida". Autora de *Tennesee Williams y el teatro norteamericano, Viajes en México, Onda y escritura en México, Doscientas ballenas azules*./ **Su**. Coreógrafa y empresaria mexicana n. en 1931. Se inició como corista en el teatro Cervantes. Durante muchos años dirigió el teatro Blanquita, después un centro de variedades con su nombre.

MARÍA. Hebreo, correspondiente de *Miriam, amada de Amón*. Hermana de Moisés y Aarón. También la madre de Jesús. Escribe Gutierre Tibón: "Durante muchos siglos el nombre de la Virgen María se consideró demasiado sagrado para usarlo como nombre de pila"./ **Asúnsolo**, n. en Chilpancingo, Gro. Posiblemente la mujer mexicana que haya inspirado el mayor número de obras de arte en este siglo. Musa de pintores y escritores (Mario Colín, Abreu Gómez, Usigli, Siqueiros, Soriano, Anguiano, Rivera), apoyó valores jóvenes en los 40./ **Marcos Cedillo**, n. en 1900. Sobrina del general Saturnino Cedillo. Primera mujer piloto mexicana. Desde niña aficionada a la mecánica, superó la oposición familiar para volar. Murió tripulando su avión en 1933. Hay monumento a su memoria en San Luis Potosí./ **Félix**, actriz sonorense n. en 1914. Nombre verdadero: María de los Ángeles Félix Güereña. Ganó un concurso de belleza en Guadalajara. Casó con Enrique Álvarez. Debutó en cine en 1942 en *El peñón de las Ánimas* y se consagró como *Doña Bárbara*. Hizo cine hasta 1970 (*La generala*); una serie de

TV, y se le otorgó en 1988 el Premio de la Ciudad de México./ **Shelley**, novelista inglesa n. en 1797. Esposa del poeta Percy Shelley escribió *Frankenstein* en un desafío para hacer un ejercicio literario de terror.

MARIANA. Fem. de *Mariano* (ver). Las formas italiana y francesa son derivados de María y no tienen que ver con ésta./ **R. del Toro de Lazarín**. Patriota mexicana n. en 1775. Con su esposo ayudaba a los insurgentes. Al saber de la aprehensión de los jefes revolucionarios, arengó a sus amigos para ahorcar al virrey. Denunciada su conjura, estuvo presa hasta 1820.

MARIO. Latino, *de la familia romana, Marius, que aseguraba ser descendiente de Marte*. **Ezcurdia**, n. en 1925, se inició como periodista en la revista *Hoy* en 1943 y trabajó en diversos puestos: redactor, jefe de redacción, columnista y director de *El Nacional*. Premio Nacional de Periodismo 1980./ **Moreno "Cantinflas"**. Cómico mexicano n. en 1911. Se inició en las carpas a espaldas de su familia. Debutó en cine en *No te engañes corazón* de Miguel Contreras Torres. Tuvo éxito por su espontaneidad y su modo de hablar, que produjo el término "cantinflismo", incluido en el diccionario.

MARIANO. Latino, *patronímico de Marius* (ver). **Abasolo**, uno de los conspiradores de Valladolid en 1809 para lograr la independencia de la Nueva España. Compañero de Ignacio Allende y Juan Aldama, se unió a la conspiración de Querétaro en 1810./ **Arista**, n. en 1802, fue el primer presidente que recibió el poder pacíficamente en 1851, pero enfrentó la guerra *vs.* EU y por la pobreza del país renunció en 1853. Se le reconoce su gran honestidad./ **Azuela**, n. en Lagos de Moreno, Jal. en 1873. Creador de la novela de la revolución mexicana, autor de *Los de abajo, El malhora* y *El desquite* entre las más representativas. Premio Nacional de Artes 1949./ **Escobedo**, agricultor y comerciante neoleonés n. en 1827. A los 25 años se alistó como soldado para combatir la invasión norteamericana. En 1854 se unió al Plan de Ayutla. Siguió en la milicia contra los franceses. Derrotó a Maximiliano en Querétaro.

MARTA. Se interpreta como fem. del arameo *mar, señor*. Si se le pone **h** intermedia está mal escrito. **Chapa**, artista regiomontana n. en 1946. Especialista en manzanas, tras romper con el bodegón tradicional, ha expuesto desde 1960. Promotora de la gastronomía, publicó *La cocina mexicana y su arte* y otras obras más, así como una agenda anual con el tema de la manzana.

MARTE. Latino, *dios de la guerra de los romanos, el Ares griego*. **R. Gómez**, político tamaulipeco n. en 1896. Con estudios normalistas y agronómicos, desempeñó diversos cargos públicos. Diputado, secretario de Agricultura con Portes Gil, gobernador de su estado de 1937 a 1940. Miembro del Comité Olímpico Internacional, colaboró en la organización de la Olimpíada México 68.

MARTÍN. Latino, *perteneciente a Marte*. **Carrera**, n. en Puebla en 1805. Militar desde los nueve años, en el Regimiento de Exploradores de Fernando VII; en 1821 se unió al Ejército Trigarante; senador de la República en 1844, fue comandante de artillería ante la invasión norteamericana. Presidente interino en 1855./ **Cortés**, hijo de Hernán Cortés y La

Malinche, n. en 1523. Fue llevado a España a los cinco años, estudió en un convento e ingresó al ejército. Con su hermano homónimo diez años menor, tomó parte en la conjura que le costó el destierro./ **Garatuza**, apodo de Martín de Villavicencio Salazar, personaje aventurero poblano n. en 1601. Aprehendido por la Inquisición, se evadió y fue vuelto a prender y condenado a prisión./ **Luther King**, predicador negro norteamericano n. en 1927. Campeón de los derechos civiles de sus conciudadanos. Premio Nobel de la Paz en 1964. Fue asesinado en 1968. Su más célebre discurso fue el que empezaba cada frase diciendo "Tengo un sueño. . ."

MATEO. Hebreo, de *Matatías, don de Yahvé*. Personaje bíblico del s. II A.C, caudillo de los macabeos./ **Alemán**, n. en Sevilla, España en 1547, de familia judía, llegó a la N. España en 1608, donde publicó su *Ortografía Castellana*. También escribió la picaresca *Guzmán de Alfarache*.

MATÍAS. Hebreo, de *Matatías* (ver). Nombre de uno de los apóstoles de Jesús./ **Romero**, abogado oaxaqueño n. en 1837. En la Guerra de los Tres Años acompañó a Juárez en el Ministerio de Relaciones Exteriores y fue ministro plenipotenciario ante los EU en 1862. Combatió a los franceses y luego fue Secretario de Hacienda. Autor de una importante monografía sobre el café mexicano.

MAURICIO. Árabe, *oscuro, moreno, procedente de Mauritania, África*. **Garcés**, nombre artístico de Mauricio Feres Yazbek n. en 1920. Actor y excelente comediante de cine y teatro, fue el galán de los años 60. *Don Juan 67, Fray Don Juan, Fotógrafo de modelos*./ **González de la Garza**, n. en

Tamaulipas en 1923. Maestro en filosofía, doctor en psicología, periodista y analista político, autor de *El río de la misericordia, El rey de oros*, fue deportado por su libro *Última llamada*, sobre el régimen lopezportillista.

MAX. Dim. de *Máximo, el superior, el más alto*, de origen latino.

Aub, n. en París, Francia, en 1903. En España, destacó como joven escritor con Ortega y Gasset y en la *Revista de Occidente*. Filmó *La esperanza* con André Malraux durante la Guerra Civil Española. En México desde 1942, impartió cursos en la UNAM, director de Radio Universidad, fundó la serie *Voz viva de México*.

MAXIMILIANO. Latino. *El más grande Emiliano, el varón más importante de Aemilia*. **de Habsburgo**, emperador de México n. en Austria en 1832. Apoyado por Francia, aceptó en 1864 la invitación de los reaccionarios mexicanos y ocupó el trono en Chapultepec, hasta 1867, en que fue fusilado en Querétaro./ **Robespierre**. Político francés n. en 1758. Diputado en los Estados Generales, fue presidente del Club de los Jacobinos. Durante la Revolución dominó en la época del Terror. Fue guillotinado en 1794.

MELCHOR. Hebreo. *Rey de la luz*. Uno de los tres Reyes Magos, representa a los pueblos semitas./ **Guaspe**, soldado español n. en 1772. Carcelero de Hidalgo en Chihuahua, éste le dedicó una poesía por haberlo tratado con consideración. En reconocimiento a su acto, fue exceptuado del decreto de expulsión de españoles de 1829; fue nombrado regidor de Chihuahua./ **de Talamantes,** teólogo peruano n. en 1765. Después de pertenecer a la orden mercedaria, pidió su secularización al descubrir sus tendencias liberales. Exploró los límites de Texas y la Luisiana por encargo virreinal. Se unió a los criollos que querían la independencia por la invasión francesa en España. Murió prisionero en San Juan de Ulúa en 1809.

MELINA. Griego, contracción de *Melinda*, nombre poético compuesto de *Melos, canto* y la terminación *linda*. **Mercouri**, actriz griega n. en 1923 en El Pireo. Protagonizó una veintena de filmes: *El que debe morir, Topkapi, el Rolls Royce amarillo* y *Nunca en domingo*, su mayor éxito. Diputada, llegó a ser ministra de Cultura. Fue la primera mujer en ocupar un cargo de ese nivel.

MELITÓN. Latino y éste del griego, *de color oscuro como la miel de abeja*. **San**, religioso italiano n. en el s. II. Obispo de Sardes y escritor eclesiástico.

MICHAEL, en inglés Miguel. **Crischton**, escritor y director de cine n. en 1942. Entre sus novelas y filmes: *La amenaza de Andrómeda, El gran robo al tren, El hombre terminal, Congo.*/ **Jackson**, vocalista de rock estadounidense, n. en 1958. El menor de una familia artística de color, se sometió a muchas operaciones de cirugía plástica y dice padecer una especie de vitiligo que lo hace tener la mitad del cuerpo blanca./ **Douglas**, actor estadounidense, hijo de Kirk. En TV *Las calles de San Francisco*. Luego, *Wall Street, Destello en la oscuridad, Atracción fatal, Bajos instintos*.

MIGUEL. Hebreo, *Dios es incomparable*. Uno de los arcángeles, vencedor de Lucifer./ **Barbachano Ponce**, n. en Mérida, Yuc., en 1930. Abogado, fue productor de cine: los noticieros *Cine Verdad, Cine Mundial, Tele Revista*; los filmes *Raíces,*

Torero, Nazarín. Dirigió teatro y escribió guiones con García Márquez. Impulsó a la televisión independiente./ **de Cervantes Saavedra**, escritor español n. en 1547. Formado por el humanista italiano Acquaviva, tomó parte en la batalla de Lepanto, donde perdió el uso de la mano izquierda. Prisionero de los moros cinco años, regresó a España en 1580. Comenzó a publicar sus obras: *La Galatea, Entremeses, Novelas ejemplares*. En 1604 logró editar la primera parte de *Don Quijote de La Mancha*, que completó en 1614./ **Hidalgo y Costilla**. Patriota mexicano n. en Guanajuato en 1753. "El Padre de la Patria". Inició la lucha por la independencia en 1810.

MIROSLAVA. Eslavo, fem. de Miroslav, *paz gloriosa*. **Sternova**, actriz mexicana n. en Checoslovaquia en 1926. En México desde los 10 años, filmó una decena de películas: *A volar, joven, Aventura en la noche, Escuela de vagabundos*. Se suicidó en 1955 por una decepción amorosa.

MOISÉS. Hebreo. *Sacado del agua*. Personaje bíblico, profeta de los judíos, n. en Egipto en el s. XIII A.C. Dirigió a los judíos liberados por el Mar Rojo a Tierra Santa, pero no llegó a verla./ **Gunn**, actor estadounidense negro, n. en 1932. Siempre secundario, participó en filmes de acción como *Shaft, Rollerball*.

MYRNA, de origen egipcio, hija del faraón que recogió a Moisés cuando, recién nacido, navegaba sobre las aguas del Nilo en una cesta de mimbre./ **Loy**, actriz norteamericana n. en 1908. Protagonista de la serie *El hombre delgado* con William Powell en los años 30.

• • • • • • • • • • • • •

NANCY. Por la población francesa de ese nombre, derivado de Nan, dim. de Anne. **Cárdenas**, n. en Parras, Coah., en 1934. Doctora en Letras, actriz en *Enterrar a los muertos*; después, directora de *Picnic en el campo de batalla, El efecto de los rayos gamma. . .* y *La maestra bebe un poco*. Autora de poesía, narrativa y teatro: *El cántaro seco, El día que pisamos la Luna, Amor de verano*. Falleció en 1994./ **Kerrigan**. Patinadora n. en 1969. Campeona olímpica, fue víctima de un atentado en la Olimpíada invernal de 1994.

NARCISO. De origen griego, *mit*. Joven dotado de gran belleza, se enamoró de su imagen reflejada en un estanque, murió de dolor al no poder poseerla./ **Bassols**, n. en Tenango del Valle, Méx., en 1897. Hizo importante carrera de servicio civil y político junto a Calles y Cárdenas. Embajador en Moscú. Impulsor del pacifismo y la liberación de los pueblos./ **Yepes**, guitarrista español n. en 1927. Ganó renombre internacional por sus ejecuciones como solista.

NELLIE. De origen inglés, dim. de Elena. Muy frecuente en Campeche y Yucatán. **Campobello,** bailarina n. en Durango en 1909. Precursora del movimiento dancístico mexicano moderno, fundó el Ballet Carroll y el grupo de ballet de la SEP. Directora de la Escuela Nacional de Danza, creó con su hermana Gloria (ver) el Ballet de la Ciudad de México.

NEMESIO. Del griego *Némesis, diosa griega de la venganza y la justicia inexorable*. **García Naranjo**, abogado n. en Nuevo León en 1883. Diputado en dos ocasiones, con Querido Moheno y José Mª Lozano formó frente contra Madero.

Ministro de Instrucción Pública con Huerta, fue desterrado hasta 1923. Desde 1934 se dedicó al periodismo político.

NICANOR. Griego. *Hombre triunfador*. **San**, uno de los siete primeros diáconos, murió en Chipre./ **Zabaleta**, arpista español n. en San Sebastián, en 1907. Ha ganado fama por sus arreglos a obras de Beethoven y Dussek para su instrumento.

NICETO. Variante de *Aniceto*, de origen griego, *Vencedor*. **Alcalá Zamora**, abogado y político español n. en 1877. Opositor de Primo de Rivera, llegó a México en 1946. Profesor e investigador de Derecho Procesal y Penal./ **Kruschev**, el nombre ruso *Nikita,* en español es *Niceto*. Político ruso, revolucionario en 1917, fue primer ministro de la URSS de 1956 a 1965. Fue protagonista de la crisis de los cohetes en Cuba de 1963.

NICOLÁS. Griego. *Victorioso en el pueblo*, semitocayo de Niceto, Nicéforo, Nicandro. **Bravo**, n. en Chilpancingo, en 1786. Agricultor en su hacienda, se unió a los hermanos Galeana en la guerra de independencia. Vivió prisión hasta 1820 y fue miembro de la regencia del Plan de Iguala. Participó en la guerra contra los EU./ **Gogol**, novelista ruso n. en 1809. Profesor universitario e introductor de la modernidad en la literatura de su país. Autor de *Taras Bulba, El inspector, Alejandro Nevsky./* **Funck**, naturalista belga, encargado de la exploración de la historia natural americana. Llegó a México en 1930 y viajó por Veracruz, Jalapa, Huatusco y el Pico de Orizaba. Luego, Yucatán y Tabasco.

· · · · · · · · · · · · ·

OLGA. Eslavo, forma rusa del escandinavo Helga, fem. de *Oleg* (*ario*). *Invulnerable*. **Breeskin**. Violinista mexicana n. en 1948. Se convirtió en vedette y organizó un espectáculo de gran categoría./ **Costa**, pintora mexicana n. en 1913. Llamada "el ángel blanco de la pintura" por Carlos Mérida; esposa del artista José Chávez Morado, hizo importante obra de carácter gastronómico.

OLIVERIO. Del noruego *Olaf. El ejército de elfos o duendes*. Uno de los más famosos paladines en Carlomagno. Oliver en inglés./ **Cromwell**, político inglés puritano n. en 1599. Diputado en el Parlamento, encabezó la revuelta contra Carlos II y lo hizo decapitar./ **Stone**, director y argumentista estadounidense n. en 1946. Cuestionador del "*establishment*" de su país con sus filmes *Pelotón, Nacido el 4 de julio, Nixon, JFK*. Ganó una Estrella de Bronce por su actuación en Viet Nam.

OLIVIA. Latino, derivado de *oliva, aceituna o rama de olivo, como símbolo de la paz*. **Newton John**, baladista y actriz australiana n. en 1949. Protagonizó *Vaselina* y *Xanadú*. Condujo después un programa documental zoológico para la televisión.

ORALIA. Latino, de *oral y éste del griego aura, brisa, soplo*. **Domínguez**, cantante potosina n. en 1922. Estudió en el Conservatorio Nacional de Música. Debutó en el Coro de la Ópera Nacional. Como solista hizo *Carmen, Hansel y Gretel, Orfeo*, etc. Viajó a Europa donde se consagró definitivamente. Radicó en Italia desde 1956.

OSWALDO. Germánico. *Aquel a quien gobierna un dios.* En español debe escribirse con **v. Robles Ochoa**. Biólogo regiomontano n. en 1905. Posee varios títulos de filosofía y psicología. Dedicado a la enseñanza, ha impartido cátedras, en la UNAM, en Buenos Aires, Milán, Madrid, Santo Domingo y Colombia.

OVIDIO. Latino, *pastor de ovejas.* **Publio**, poeta romano n. en Sulmona en 43 A.C. Estudió Derecho y se dedicó a la literatura. Autor de *El arte de amar, Metamorfosis y Heroides*./ Hernández, cancionista mexicano n. en 1935. Formó parte de tríos como primera voz: Los Galantes, Los Panchos.

OTTO. Germánico. *Dueño de señorío.* Otón, en español. **Raúl González**, abogado guatemalteco n. en 1923. Periodista en México, autor de libros de poemas como *Voz y voto del geranio, A fuego lento, La siesta del gorila*; especialista en palindromas./ **von Bismarck**, político alemán n. en 1815. Miembro del Parlamento de Prusia, representó a su país en la Dieta de Frankfurt. Embajador en Francia y Rusia, derrotó a la primera en la guerra de 1871. Primer canciller del Imperio Alemán.

. . . .

PABLO. Latino. *Paulus, pequeño*. Apóstol que cambió su nombre de Saulus por Paulus, en señal de humildad. **Paul**, en sajón Pablo. **Simón**, compositor folklórico estadounidense n. en 1941. De la pareja Simón y Garfunkel, populares en los años 70. *Puente sobre aguas turbulentas, Scarborough Fair, El cóndor pasa, Kodachrome*. Pusieron música al filme *El graduado*, (*Sra. Robinson*).

PÁNFILO. Griego. *El que ama a todos*. **de Narváez**, conquistador español n. en 1470. Conquistó a Cuba junto a Diego Velázquez. Enviado a México para detener a Cortés, éste lo derrotó en Zempoala. Adelantado en la Florida, murió en el Golfo de México.

PARMÉNIDES. Griego, variante de *Parmenio, perseverante, fiel*. Filósofo anterior a Sócrates. Creó un sistema basado en la inmutabilidad del ser e influyó mucho en el pensamiento posterior./ **García Saldaña**. Escritor orizabeño n. en 1944. De la corriente de novelista "de la onda", fue autor de *Pasto verde, El Rey Criollo* y *En la ruta de la onda*. Premio del Banco Cinematográfico por el guión fílmico *Pueblo fantasma*.

PATRICIA. Latino. *Noble, de los padres*. **Cox**, periodista n. en Oaxaca, estudió arqueología e historia. En *Excélsior* publicó su columna "La Mujer Opina". Siempre difundiendo la cultura mexicana, colaboró en *La Prensa* de San Antonio, Tex. Autora de más de 16 libros de temas mexicanistas.

PEDRO. Latino. *Piedra*. Nombre de Simón, el pescador, discípulo de Jesús, que se convertiría en el fundador de su iglesia./ **de Alvarado**, conquistador español que participó con Juan de Grijalva en la expedición del litoral del Golfo; en 1519 se distinguió con Cortés por su bravura y crueldad con los indígenas./ **Armendáriz**, n. en la Ciudad de México en 1912. Actor de gran personalidad, hablaba inglés y francés, hizo carrera en el cine mexicano con gran éxito: obtuvo premios por *La perla, María Candelaria*. En el extranjero filmó *Three Godfathers, Fort Apache, Lucrecia Borgia* y *From Russia with love*.

PIERRE. Francés por Pedro. **Boule**, escritor n. en 1913. Autor de éxitos de librería llevados al cine: *El puente sobre el río Kwai, El planeta de los simios*./ **Augusto Renoir,** artista francés n. en 1841. Uno de los máximos representantes de la corriente impresionista, hizo pintura, grabado y escultura. Destaca en su obra *Le moulin de la Galette, Bañista, Los paraguas*.

PILAR. Por la Virgen venerada en Zaragoza, España; se conmemora el 12 de octubre./ **Rioja**, bailarina coahuilense n. en 1932. De padres españoles, estudió danza y coreografía en la escuela del Carnegie Hall. Domina todos los estilos dancísticos, pero se especializó en el español. Ha hecho giras por los EU, Canadá, España, Centroamérica y la URSS.

PLÁCIDO. Latino. *Tranquilo, apacible*. **Domingo**, tenor español n. en 1941. Hijo de los cantantes Plácido Domingo y Pepita Embil. En México se inició como tenor en la Ópera Nacional.

Ha recorrido el mundo enarbolando el nombre de México, su segunda patria. Su humanismo durante el sismo de 1985 lo hizo merecedor del agradecimiento del país.

PLATÓN. Griego. *Ancho, apodo con que llamó su maestro de gimnasia a Arístocles, por sus amplios hombros*, filósofo griego n. en 428 A.C. discípulo de Sócrates, fundó en Atenas la Academia. Practicó la dialéctica y dejó en sus *Diálogos* la suma de su pensamiento./ **Sánchez**, militar veracruzano n. en 1835. Distinguido artillero, luchó contra los franceses y el imperio. Fue hecho prisionero varias veces y siempre se fugó. Presidió el consejo de guerra que juzgó a Maximiliano, Miramón y Mejía con el grado de coronel.

PLUTARCO. Griego. *El que manda por su riqueza*. Escritor griego n. en Queronea en 20 A.C. Sacerdote de Delfos, autor de *Vidas paralelas* y *Moralia*./ **Elías Calles**, n. en 1877 en Guaymas, Son. Maestro de carrera, fue diputado tras la revolución maderista. Hizo carrera militar y llegó a ser Presidente de la República en 1924. Fue deportado por Cárdenas para terminar su "Maximato".

PORFIRIO. Griego. *El que se viste de púrpura*. **Barba Jacob**, seudónimo del colombiano Ricardo Arenales, n. en 1883. De espíritu aventurero, se enroló en el ejército a los 15 años; viajó por Centroamérica y México. Se dedicó a la poesía, destacando en la bohemia capitalina./ **Díaz**. Político y militar oaxaqueño n. en 1830. De origen humilde, tuvo educación religiosa. Conoció las ideas liberales y se unió a Juárez. Brilló en la guerra contra los franceses y fue presidente de la República por 30 años. Murió desterrado en París en 1915.

PRUDENCIA. Latino, fem. de *Prudencio, el previsor*. **Griffell,** actriz española n. en 1880. A los 10 años se inició en el teatro en Venezuela. Radica en México desde 1904, formó con Esperanza Iris y María Conesa *Las Tres Gracias*. Hizo más de 180 películas, Ariel en 1955 por Mujer y varias series de televisión.

• • • • • • • • • • • • • • •

RAFAEL.Hebreo. *Dios te ha sanado*. Uno de los arcángeles. **Alberti**, poeta español n. en 1901. Pintor cubista en un principio, luego se dedicó a escribir. Tras la guerra civil vivió en el exilio, experiencia que plasmó en su obra: *La arboleda perdida, Marinero en tierra*./ **Corkidi**, cineasta poblano n. en 1930. Cinefotógrafo en los noticieros *Cine Mundial* y *Cinescopio*, hizo filmes experimentales. Director del Centro Documental Mexicano y profesor del CUEC, filmó **Tamayo, Fando y Lys, El topo**, y 15 cintas más./ **Sanzio**, n. en 1483, el más genial artista del Renacimiento italiano, después de Miguel Angel. Terminó la Basílica de San Pedro, proyectó palacios e iglesias; autor de varias *Vírgenes, La Escuela de Atenas* y *Hechos de los apóstoles*, entre otras.

RAIMUNDO. Germánico. *Protección del consejo de los dioses*. Inglés: *Raymond*. **Burr**, actor canadiense n. en 1919. Hizo carrera en EU con poco éxito en cine (*La ventana indiscreta, Un lugar en el sol*), se hizo famoso al interpretar a "Perry Mason" en televisión en los 60; también *Ironside*.

RAMÓN. Forma catalana de Raimundo. **Alva de la Canal**, pintor mexicano n. en 1898, fue el primero en usar la técnica del fresco entre los muralistas modernos. Enseñó pintura en San Carlos y es autor de los 56 páneles del monumento a Morelos en Janitzio, Mich./ **Bravo**, n. en Piedras Negras, Coah. en 1925. Periodista en El Universal, fue nadador en los Juegos Olímpicos de Londres (1948) y Helsinki (1952). Fotógrafo submarino, hizo importantes series de patrocinio internacional y filmes comerciales de argumento.

RAÚL. Del francés *Raoul,* a su vez del germánico *Radulf. El consejo del lobo, guerrero valeroso.* Personaje del cantar de gesta de **Raoul de Cambrai** medieval./ **Anguiano**, artista tapatío n. en 1913, cultivó el grabado, el dibujo, la pintura de caballete y el muralismo. Ha ilustrado libros de culturas indígenas. Su obra, figurativa, se encuentra en diversos países. Es autor de un mural del Museo Nacional de Antropología./ **Carranza y Rivas**, n. en la ciudad de México en 1930. Doctor en Derecho por la UNAM y director del Seminario de Derecho Penal, obtuvo el primer lugar en concursos de oratoria en 1954. Autor de *El mundo al revés* (cuentos), *Homenaje a Mazatlán* y diversos textos de carácter jurídico./ **Flores Canelo**, n. en Monclova, Coah. en 1929. Estudió en la Escuela Nacional de Artes Plásticas y danza en el INBA. Bailarín solista de la Compañía de Danza del INBA y coreógrafo del Ballet Nacional. Cofundador del Ballet Independiente. Produjo más de 50 coreografías de tendencia modernista.

REBECA. Hebreo. *Nudo corredizo, en referencia al lazo matrimonial.* Personaje bíblico, hija de Betuel y esposa de Isaac./ **de Alba**, reina de belleza y conductora de televisión mexicana n. en 1968.

RENÉ. Forma francesa de Renato (ver). **San**, obispo francés en Angers, que vivió en el s. V./ **Avilés Fabila**, n. en 1940, licenciado en ciencias políticas por la **UNAM**, columnista político, escritor desde 1967, es autor de *Los juegos, El gran solitario de Palacio, Pueblo de sombras,* etc./ **Cardona**, n. en La Habana en 1905. Vivió en EU, donde se inició como actor. Viajó a México, donde se estableció y actuó y dirigió

más de 150 filmes. *Pulgarcito, Santa Claus, El enmascarado de plata, Allá en el Rancho Grande, El espectro de la novia.*
RENATO. Latino. *Vuelto a nacer. Nacido por segunda vez.* Usado por los cristianos cuando se bautizan. **Descartes**, filósofo y matemático francés n. en La Haya en 1596. Fundó el racionalismo moderno, aplicó la lógica matemática a la filosofía. Creador de la sentencia "Pienso, luego existo", escribió *El discurso del método.*/ **Leduc**, periodista y poeta mexicano n. en 1897. Telegrafista en su juventud, se incorporó a las fuerzas villistas. Vivió 13 años en París como cónsul. Regresó y se hizo periodista. Fueron célebres sus columnas *Banqueta* en Excélsior, y *Semana inglesa* en Siempre.
RICARDO. Germánico. *Jefe audaz*. En alemán e inglés *Richard*. **Addinsell**, compositor inglés, n. en 1904. Autor de música sinfónica, es famoso por su *Concierto Varsovia* que se escuchó en el filme *El escuadrón suicida.*/ **Castro**, n. en Durango en 1864. Destacado músico mexicano, ofreció conciertos de piano en los EU. Escribió todo tipo de música culta, incluyendo cuatro óperas: *Atzimba, La leyenda de Rudelia, Satán vencido* y *Laroussaka.*/ **Corazón de León**, rey de Inglaterra n. en 1157. Hijo de Enrique II, en la II Cruzada arrebató a Saladino la isla de Jafa. Prisionero en Australia, regresó a Londres para recuperar el trono en manos de su hermano, Juan Sin Tierra./ **Flores Magón**, anarquista oaxaqueño n. en 1873. Opositor a Díaz, fue encarcelado desde los 19 años. Periodista crítico, escribió en *El demócrata*, fundó *Regeneración,* dirigió *El hijo del Ahuizote*, periódico satírico. Desterrado, enfermo y casi ciego, murió en prisión en los EU.
ROBERTO. Germánico. *El que brilla por su fama* (muy cierto). **Blanco Moheno**, periodista autodidacta n. en Veracruz en

1920. Primero fue tipógrafo y boxeador, antes de convertirse en uno de los más acres críticos del gobierno. Autor de libros históricos como *Cuando Cárdenas nos dio la tierra, Juárez ante Dios y ante los hombres, Zapata, Este México nuestro*./ **Cañedo**, n. en Guadalajara, Jal. en 1918. Artista por vocación, dejó su casa muy joven para dedicarse a la actuación. Hizo más de 400 filmes. Obtuvo un Ariel por su primer estelar en *Pueblerina* del Indio Fernández. Inventó un sistema de proyección de películas con luz diurna./ **Fierro**, piloto militar n. en 1897. Hizo los primeros vuelos sin escalas de la aviación mexicana. Voló de Cuba a Centroamérica y de Nueva York a México. Jefe de la Fuerza Aérea durante la Segunda Guerra Mundial./ **Gavaldón,** cineasta chihuahuense n. en 1909. Extra en 1933, asistente de director en una docena de filmes en 1936 - 45, debutó al megáfono en 1946 con *La barraca*, que obtuvo varios Arieles. Dirigió *Macario*, la cinta mexicana más premiada en el mundo.

RODOLFO. Germánico. *Guerrero famoso*. **Campodónico**, hijo de un músico italiano, n. en Hermosillo, Son., en 1866. Desde niño aprendió a tocar varios instrumentos y dirigió una orquesta de diez profesores. Pianista, compuso más de 600 melodías. Autor de *Club Verde*, himno informal de Sonora, *Constanza, Blanca, En tu día*./ **Francisco Carlos**, archiduque, hijo del emperador austriaco Francisco José, fue protagonista de la tragedia de Mayerling en 1889./ **Casanova**, legendario boxeador n. en México en 1910. Nevero de profesión en La Lagunilla, era conocido como "El Chango". Alejandro Galindo hizo un filme basado en su historia, *Campeón sin corona*.

RODRIGO. Germánico. *Caudillo famoso*. Nombre del último rey visigodo en España./ **Cifuentes**, supuesto artista español n.

en Córdoba en 1493, aparentemente primer maestro de pintura llegado a la Nueva España. Camelo de José Gómez de la Cortina aparecido en el Diccionario *Universal de Historia y Geografía* de 1853, descubierto por Manuel Toussaint en 1920./ *Díaz de Vivar*, protagonista del poema épico *Cantar del Mío Cid*. Su dim. es **Ruy**.

ROGELIO. Variante de *Rogerio*. **San**, monje español martirizado por Abderramán II en el s. IX./ **Campanella (Roy)**, jugador de beisbol estadounidense n. en 1922. Hijo de italiano y negra, fue de los primeros peloteros negros en las Grandes Ligas. En el Salón de la Fama en 1969.

ROGERIO. Latino. *Rodegarius*, y éste del germánico *Hrodger*, *lanza gloriosa*. **Roger** es muy usado en Yucatán y Campeche. **Kennedy**, inventor canadiense creador del IMAX, Imagen Máxima, sistema de filmación y proyección diez veces más grande que el 35 mm. Sus imágenes, claras y nítidas, abarcan todo el campo visual "metiendo" al espectador en la escena.

RÓMULO. Fundador de Roma con su hermano Remo, en el Lacio. Primer rey en 753 A.C. Mató a su hermano por sacrílego, organizó el rapto de las sabinas para poblar su ciudad y estableció un calendario./ **Escobar**, agrónomo chihuahuense n. en 1882. Director de la Escuela Nacional de Agricultura, publicó numerosos textos sobre diversos aspectos de su especialidad. Con su hermano Numa fundó la Escuela de Agricultura en Ciudad Juárez que hoy se llama "Hermanos Escobar"./ **Gallegos**, escritor venezolano n. en 1884. Inició en 1909 una revista literaria y de crítica política que fue censurada. Autor de *Doña Bárbara, La trepadora*. Exiliado ante la dictadura, regresó y fue diputado, ministro, presidente de la República en 1947 y derrocado por el ejército.

RONALD. Sajón por Rolando u Orlando, del germánico *Gloria del país*. **Perlman**, actor canadiense n. en 1949. Hace en TV *La bella y la bestia*; en cine: *La guerra del fuego, El nombre de la rosa, La invención de Cronos* en México./ **Reagan**, actor estadounidense n. en 1908. Se inició en radio como cronista deportivo. Estudió arte dramático, hizo algunos filmes intrascendentes y luego se dedicó a la política. Primero senador, gobernador de California y presidente de su país de 1980 a 1988./ **L. Hubbard**, charlatán estadounidense, inventor de la *Dianética*, que consiste en eliminar los traumas llamados engramas, para "aclarar" la mente.

ROQUE. Francés. *Roch, roca, por extensión, Pedro, de piedra*. **San**, curandero que sanaba enfermos de peste con el signo de la cruz en el s. XIV./ **González Garza**, político coahuilense n. en 1885. Combatió a Porfirio Díaz del lado de Madero; luego se unió a Villa, de quien fue representante en la Convención de Aguascalientes. Presidente de la República en 1915. Vivió exiliado desde 1916 hasta la muerte de Carranza.

ROSARIO. Latino. *Jardín de rosas*, por la Virgen. **Castellanos**, n. en la Ciudad de México en 1925. Vivió de niña en Chiapas. Maestra en filosofía por la UNAM, promovió la cultura de ese estado. Publicó poesía y ganó varios premios literarios: *Balún Canán, Oficio de tinieblas, Ciudad Real, Los convidados de agosto*. Falleció siendo embajadora en Israel.

ROSAURA. Latino. *Rosa áurea o rosa de oro*. **Revueltas**, actriz duranguense n. en 1920. Luchadora social, actuó en obras de fondo sociopolítico como *Islas Marías, Muchachas de uniforme* y *La sal de la tierra*; censurada por la política macartista de EU. Trabajó en el Teatro de Brecht en Alemania, y en Cuba.

RUTH. Hebreo, personaje bíblico, mujer moabita, madre de Obed, uno de los antecesores de David./ **Rivera**, hija del pintor Diego, n. en 1927. La primera mujer con el título de arquitectura por el IPN. Trabajó en el proyecto del Centro Médico Nacional y del Museo de Arte Moderno; presidió la Unión Internacional Femenina de Arquitectos, m. en 1969.

• • • • • • • • • • • • •

SABINA. Latino, *mujer de la urbe de los sabinos,* habitantes del Lacio a la llegada de los romanos./ **Berman**, n. en la Ciudad de México en 1953. Psicóloga, estudió dirección escénica en el CADAC. Es autora de *El jardín de las delicias, Rompecabezas, Águila o Sol.* Para niños: *La maravillosa historia del chiquito Pingüica* y el guión de cine para *La tía Alejandra.*

SALMA. Derivado de Selma y éste del árabe Zulema. *Salam, paz.* **Hayek**. Actriz mexicana n. en 1971. Se inició como modelo de cosméticos. Protagonizó la telenovela *Teresa.* Estudió actuación en los EU, e ingresó al cine estelarizando *El callejón de los milagros.* Luego, en EU, *Pistolero.*

SALOMÓN. Hebreo. *Hombre que ama la paz.* Rey de Israel del s. X A.C., hijo del rey David y de Betsabé. Famoso por su sabiduría y pragmatismo, engrandeció su reino pacíficamente. Tuvo muchas concubinas y escribió *El Cantar de los Cantares*./ **González Blanco**, político chiapaneco n. en 1902. Senador de la República, funcionario público, Ministro de la Suprema Corte, resolvió casos de amparo antecedentes de la expropiación petrolera. Gobernador interino de su estado, recibió la medalla Belisario Domínguez de 1985.

SALVADOR. Latino, usado en sustitución de *Jesús*. **Díaz Mirón**, político y poeta n. en Veracruz. Vivió desterrado en los EU en 1876 por sus artículos en *El Pueblo*. Diputado al Congreso. Por su carácter violento protagonizó duelos, inclusive fue herido en un brazo que le quedó inútil. Una de las cumbres de la lírica mexicana de la vuelta del siglo./ **"Chava" Flores**, "El Compositor Festivo de México", n. en 1920. Editor de música, sus canciones fueron exitosas desde 1952. *Peso sobre peso, Dos horas de balazos, La interesada*. Protagonizó una cinta con guión suyo: *La esquina de mi barrio*. Sus 300 canciones se emplearon en muchas películas.

SAMUEL. Hebreo. *Escuchado por Dios*. Profeta bíblico./ **Basch**, n. 1837. Fisiólogo austriaco, llegó a Puebla como médico militar durante la intervención; fue médico personal de Maximiliano, a quien aconsejó que abdicara. En 1867 llevó el cadáver del emperador a Viena./ **Cabot**, médico norteamericano. Vino a México en 1841 como ornitólogo. Exploró Yucatán donde introdujo la técnica para corregir el estrabismo./ **Ramos**, filósofo michoacano n. en 1897. Ingresó al Colegio de San Nicolás; en la Ciudad de México estudió en la Escuela Médico Militar. En 1917 pasó a la Escuela de Altos Estudios y se especializó en La Sorbona. Miembro del

Colegio Nacional, es autor de *El perfil del hombre y la cultura en México*.

SANDRO. Apócope del italiano *Alessandro*, Alejandro en español (ver). **Cohen**, n. en EU en 1953. Nacionalizado mexicano, es maestro y doctor en letras hispanoamericanas por la UNAM. Docente y periodista, es investigador en el INBA. Autor de poesía: *De noble origen desdichado, A pesar del imperio, Los cuerpos de la furia*.

SANTIAGO. Español, grito de guerra de los españoles que combatían a los moros: "¡*Santo Jacobo*!", *Santo Yagüe*. **Genovés**, investigador mexicano n. en Galicia, España, en 1923. Doctor en Antropología e Historia en Cambridge. Hizo un viaje en la balsa "Acali" para probar teorías migratorias prehispánicas. Autor de *Diferencias sexuales en el hueso coxal, El hombre entre la guerra y la paz, The Acali experiment*, entre otras.

SANTOS. Nombre que se aplica a los nacidos el 1° de noviembre, *Todos los Santos*. **Balmori**, n. en la ciudad de México en 1899. Vivió en España y Chile, donde estudió artes plásticas. Diseñador de modas para *Harper's Bazaar*, publicó sus dibujos en todo el mundo. Hizo retratos de Tagore, Ghandi. Premio Nacional de Dibujo en 1985./ **Degollado**, patriota guanajuatense n. en 1811. Hijo del insurgente Francisco Degollado, trabajó como escribano, albañil y aprendió artes marciales. Se dedicó a la política en 1835, se alió con los juaristas y murió en Llanos de Salazar en combate contra los conservadores.

SARA. Hebreo. *La dominadora*. Personaje bíblico, esposa de Abraham con quien viajó a Canaán; modelo de amor conyugal./ **García**, actriz orizabeña n. en 1895. Maestra normalista, se inició en el Teatro con Virginia Fábregas en 1913. Pionera del cine, fue aclamada como "La Abuelita del Cine Nacional". *Cuando los hijos se van, El ropavejero, Los tres García, Mecánica Nacional./***García Iglesias**, química farmacobióloga n. en 1917. Investigadora y literata radicada en Veracruz, escribió la novela *El jagüey de las ruinas* que fue llevada al cine; biografía *Isabel Moctezuma, última princesa azteca.*

SATURNINO. Dim. de *Saturno, dios romano correspondiente al Cronos griego*. **Cedillo**, militar potosino n. en 1890. Errático campesino, apoyó a Madero en 1911, luego a Orozco y a Huerta en 1913. Luchó contra Carranza y se unió al Plan de Agua Prieta. Gobernador de su estado en 1927 - 31, fue ministro de Agricultura de Cárdenas, contra quien se rebeló apoyado por petroleros extranjeros. Murió en acción en 1939.

SEBASTIÁN. Griego. *Venerable, majestuoso.* **San,** capitán romano del s. III, enviado a ejecutar por Diocleciano cuando se convirtió al Cristianismo./ **de Aparicio, San**. Gallego n. en 1502, llegó a la Nueva España en 1525. Se dedicó a la agricultura y fue el impulsor de la ganadería y la industria lechera. A los 70 años se hizo franciscano y entregó su fortuna a las monjas el 25 de febrero./ **Cermeño**, navegante portugués al servicio de España a fines del s. XVI. Debido a los ataques de piratas ingleses a las naos de las Filipinas, fue comisionado para explorar la costa del Pacífico. En su honor se bautizó el puerto de San Francisco de Cermeño, el que hoy es La Puerta de Oro en California./ **Enrique Carbajal González** artista chihuahuense n. en 1947. Estudió en la Escuela Nacional de Artes Plásticas. Primer Premio de Escultura en 1967. Diseñador de juguetes didácticos y esculturas monumentales, es suyo el "Caballo" que preside el cruce de Avenida Juárez, Reforma y Rosales en la capital mexicana.

SERAPIO. Latino, de *Serapies, dios egipcio venerado después por griegos y romanos. Equivale a Osiris - Apies*. **Rendón**, abogado yucateco n. en 1867. Pasó a la ciudad de México y cobró fama al defender al general Mass. Amigo de José Mª Pino Suárez. Diputado durante la Decena Trágica, fue avisado del peligro que corría, por lo que denunció a Huerta ante el Congreso. Fue asesinado pocos meses después.

SERGIO. Latino. Nombre de una familia romana de origen etrusco. **Bustamente**, n. en Tacubaya, DF, en 1937. Estudió psicología en la UNAM y actuación en la Escuela de Arte Teatral. Debutó en *El duelo*, con Salvador Novo. Presentó el primer espectáculo de rocanrol en México. En cine, se inició en *El impostor*. Premios por *El principio* y *Los miserables*./ **Galindo**, escritor veracruzano n. en 1926. Estudió Filosofía y Letras. Cuentos (*La máquina vacía*), novela (*Polvos de arroz*), teatro (*Un dios olvidado*). También ha hecho producción editorial.

SHARON. Inglés, equivale al dim. *Charo, por Rosario*. **Stone,** actriz n. en 1958. Diva de los 80, modelo en sus inicios, fue elegida una de las más bellas mujeres de los EU. Woody Allen le dio su primera oportunidad en cine en *Recuerdos*. Luego *Bajos instintos, Acosada, El vengador del futuro* filmada en México.

SIGFREDO. Germánico *Sigfried. El amparo de la victoria.* Dios de la mitología germánica. Personaje de la ópera de Wagner **Los Nibelungos**./ **Gordón**, dramaturgo español n. en 1910. En México, después de la Guerra Civil española, se dedicó al periodismo y a la crítica teatral en la revista "Tiempo". Autor de obras de teatro: *Cuando la noche acaba, El ojo del ciclón, La venus de sal.*

SILVESTRE. Latino. *El que vive en la selva.* **Revueltas**, músico duranguense n. en 1899. Desde niño comenzó a componer tonadas en una flauta de carrizo. Estudió en México violín y luego en Chicàgo. Subdirector de la Sinfónica de México con Carlos Chávez, compuso música seria y fondos para películas. M. en 1940 de pulmonía.

SILVIA. Latino, fem. de *Silvio, hijo de Eneas, fundador de Alba*. **Pinal Hidalgo**. Actriz sonorense n. en 1928. Siendo secretaria, se le propuso actuar y debutó en Bamba en 1948. Buena actriz y *vedette*, hizo dramas y musicales en teatro y cine. Con Buñuel, *Viridiana* y *El ángel exterminador*. Secretaria General de la ANDI, fue diputada también./ **Rea Silvia**, vestal madre de Rómulo y Remo.

SILVIO. Latino, derivado de *selva, bosque*. **Zavala**, historiador yucateco n. en 1909. Desempeñó diversos cargos relacionados con aspectos de su especialidad. Autor de *Fuentes para la historia del trabajo en la Nueva España, Las instituciones jurídicas en la conquista de América.*

SOFÍA. Griego. *Sabiduría*. **Santa**, dama romana que en tiempos de Adriano (130) sufrió el martirio por su fe. En su honor se construyó la majestuosa iglesia de Constantinopla (Estambul)./ **Bassi**, n. en Veracruz en 1930. Artista autodidacta, exponente del surrealismo, se inició en 1964. En 20 años expuso su obra en 37 ocasiones en todo el mundo. Autora del mural *Primero mi patria, luego mi vida* en la Secundaria núm. 2 de Acapulco. Escribió su biografía *Bassi: prohibido pronunciar su nombre*.

SONIA. Dim. ruso de Sofía (ver). **Amelio**, considerada la primera crotalista -ejecutante de castañuelas- mexicana, obtuvo fama en esta modalidad que le ha merecido más de 50 premios internacionales; estudió música, danza y actuación. Aram Jachaturian escribió para ella *La viuda valenciana*. En cine, *Un dorado de Villa* le mereció una *Diosa de Plata*./ **Braga**, actriz brasileña n. en Maringa, en 1951. Actriz de telenovelas desde muy joven, impactó por su belleza y sensualidad en su primer estelar de cine *Doña Flor y sus dos maridos* de Bruno Barreto. Revelada como actriz, ha hecho *Gabriela, Luna sobre Parador, El secreto de Milagros*.

STEPHANIE. En inglés Estefanía, forma fem. de Esteban. **Powers** actriz estadounidense n. en 1942. Más dedicada a la TV que al cine, protagonizó en los 60 *La chica de CIPOL*.

STEVEN. Sajón por Esteban, también Stephen. **Spielberg**, cineasta norteamericano n. en 1947. A los 14 años rodó su primer filme. Trajo a la industria nuevas ideas. Su primer telefilme fue el triunfador *Duelo a muerte*. Luego *Tiburón*,

Encuentros cercanos del tercer tipo, ET y la serie de *Indiana Jones*. En 1994 recibió un Oscar por la labor de su vida./ **Stephen King**, prolífico escritor de terror y director de cine n. en 1947. Autor de **bestsellers** como *Cristina, Cementerio de animales*, etc. que adaptó para el cine.

SUSANA. Hebreo. *Lirio blanco*. **Alexander**, hija de la actriz Brígida Alexander, estudió literatura dramática en la UNAM, debutó como actriz de TV a los 12 años y se le considera de las mejores del teatro contemporáneo mexicano./ **Susan Sarandon**, actriz estadounidense n. en 1946. Protagonista de *Thelma & Louise, Un final inesperado, Pretty Baby, Atlantic City*.

· · · · · · · · · · · · · ·

TOMÁS. Arameo. *Mellizo.* **Albinoni**, músico aficionado italiano n. en 1671. Autor de música instrumental influido por Vivaldi, es célebre por su *Adagio en Sol menor para cuerdas.* "Il célebre adaggio de Albinoni é il *Sone della Nera* degli appretatti"./ = **Antonio de la Cerda y Aragón**, n. en España, en 1638. Conde de Paredes y Marqués de la Laguna, 20° virrey de la Nueva España. Expulsó de Vera-cruz al pirata Lorencillo, patrocinó la expedición del padre Kino a California y protegió a Sor Juana Inés de la Cruz. En su honor se inventó el mole poblano de guajolote./ **José = de Cuéllar**, escritor mexicano, n. en 1830, participó en la defen-sa de Chapultepec en 1847. Estudió pintura en San Carlos y publicó en muchos semanarios. Autor de obras de teatro y novelas con el seudónimo de "Facundo". Su obra más célebre: *La linterna mágica.*

TRINIDAD. En referencia a la Santísima de Padre, Hijo y Espíritu Santo. **García**, patriota zacatecano n. en 1831. Dedicado a la minería, enfrentó la crisis de la plata en 1873 y escribió importantes textos alusivos. Juarista y enemigo del Imperio, fue diputado federal, luego partidario de Díaz, por lo que fue encarcelado.

ULISES. Latino, del griego *Odiseus*, en la mitología, rey de Itaca, esposo de Penélope. Tras la guerra de Troya, hace un viaje de aventuras que dura diez años, según la epopeya homérica *La Odisea.*/ **S. Grant,** presidente de los EU n. en 1822. Era teniente cuando participó en la invasión a México en 1847. Luego, ya como mandatario, propuso el establecimiento de lazos comerciales y fundó una empresa importante, exportadora de azúcar, café y tabaco, maquinaria, herramientas y artefactos, que quebró.

URBANO. Latino. *El que viene de la ciudad.* Nombre de ocho papas; el más interesante es **Uberto Crivelli**, quien luchó contra Barbarroja y reivindicó los derechos de Matilde del Sacro Imperio Romano Germánico y la soberanía sobre Sicilia.

URÍAS. Hebreo. *Mi luz es Yahvé.* Personaje bíblico. Esposo de Betsabé y soldado de David, fue enviado a morir en el campo de batalla por el rey para poder tener amoríos con ella.

ÚRSULA. Dim. fem. de *Ursus, oso.* **Santa,** hija de un rey de Bretaña del s. X, fue degollada por los hunos, cuando volvía de una peregrinación con once mil vírgenes más./ **Andress.** Actriz suiza n. en 1936. Se inició como modelo, su imagen fue transformada por su esposo, el ex actor John Derek, y protagonizó *Dr. No, ¿Qué pasa Pussy cat?, Furia de titanes.* Luego se convirtió en símbolo sexual de los 70.

ÚRSULO. Latino, dim. de *Urso, oso.* **Galván,** luchador social veracruzano n. en 1893. De origen humilde, conoció de los problemas sociales al ser carpintero y trabajador petrolero.

Seguidor de Carranza durante la Revolución, se unió luego a los magonistas. Armado hasta la época de Portes Gil, se rindió y viajó a EU donde murió en 1930.

VALENTÍN. Dim. de *Valente, latino por valiente*. **Canalizo**, militar mexicano n. en 1794. En 1811 fue cadete del Regimiento Celaya y combatió a los insurgentes; con Iturbide se unió a la independencia en 1821. Títere de Santa Anna, fue presidente interino de 1843 a 1844. Luchó contra los polkos y, derrotado en Cerro Gordo, murió olvidado en 1850./ **Gómez Farías,** político tapatío n. en 1781. Precursor del liberalismo, enseñó medicina en su ciudad natal. Representante de México en las Cortes de España en 1812. Firmó la propuesta para nombrar emperador a Iturbide. Presidente de México cinco veces, alternando con Santa Anna.

VALERIO. Latino, *el valeroso, semitocayo de Valente*. **de la Cruz**, guerrero indígena n. en Texcoco en 1517. Al servicio de los españoles, por la conquista de Jilotepec, Tula, San Juan del Río y San Miguel el Grande a los chichimecas, Carlos V le concedió el uso de su escudo de armas familiar indígena.

VANESSA. Inglés, por el insecto lepidóptero europeo con alas de colores vistosos. **Redgrave**, actriz británica n. en 1933. Hija de sir Michael. Protagonista de *Blow up, Julia*./ En español **Vanesa**, nombre de la protagonista de una famosa telenovela mexicana interpretada por Lucía Méndez, que propició que muchas niñas fueran bautizadas con él, durante los 70.

VASCO. Contracción gallego-portuguesa de *Velasco*, éste de origen vascuence, significa *El que vive en la Vasconia*, región del N. de España./ **Núñez de Balboa**, explorador en 1513 a través del Istmo de Panamá. Fue decapitado por su suegro./ **de Quiroga**, misionero español n. en 1470. Pasó a México como miembro de la Audiencia y trajo las primeras plantas de plátano a Tierra Firme. Protector de los indios, en Michoacán contribuyó a su pacificación y estableció escuelas de agricultura y artesanías. Autor de la célebre *Información en derecho*, contra la esclavitud.

VENUSTIANO. Latino. *Lleno de amor o deseo*. Masculino de Venus, diosa del amor. **San**, gobernador romano del s. IV, en Umbría, fue martirizado con su familia por convertirse al cristianismo./ **Carranza**, n. en Cuatrociénegas, Coah., en 1859. Dedicado a la agricultura, fue gobernador de su entidad; apoyó a Madero y a su muerte adoptó el constitucionalismo durante la Revolución. Presidente designado por el Senado en 1913, convocó al Congreso Constituyente de 1917. Murió asesinado en 1920./ **Reyes López**, músico veracruzano n. en 1916. Estudió en la Julliard School. En los 40 organizó una orquesta de baile en México. Fue líder del sindicato de músicos por 20 años. Utilizó el nombre artístico de "Venus Rey".

VERÓNICA. Griego. fem. de Berónico. *El que lleva la victoria*. **Castro**, actriz mexicana n. en 1950. Licenciada en Relaciones Internacionales, se inició en fotonovelas en 1966. Locutora, grabó discos cantando. Ha hecho algunas películas de éxito, pero la exportación de sus telenovelas la ha hecho popular mundialmente. Produce sus propios programas de televisión.

VICENTE. Latino. *El vencedor, tocayo de Víctor*. **Filisola**. Italiano n. en 1785. Destacó en la guerra de independencia y fue el primer jefe del ejército que entró a la Ciudad de México antes que el Trigarante. En la guerra de Texas se retiró hasta el río Bravo por orden de Santa Anna, lo que facilitó la derrota. Presidente del Supremo Tribunal de Guerra./ **Rojo**, artista español n. en 1932. Llegó a México en 1949. Fundó la revista *Artes de México*. Ha practicado diseño, pintura, cerámica. Ha ocupado puestos directivos en editoriales e instituciones de enseñanza.

VÍCTOR. Latino. *El triunfador*. **Cordero**, músico mexicano n. en 1914. En 1928 participó en la guerra de La Huasteca y fue herido en una pierna. Compositor de famosos corridos como *Juan Charrasqueado, Gabino Barrera, El ojo de vidrio*, fueron adaptados como argumentos de cine./ **Rosales**, comerciante zacatecano n. en 1776. A invitación de Allende se unió a los insurgentes. Luchó junto a López Rayón en 1811. Tras varias acciones obtuvo el grado de mariscal y comandante de las provincias de Zacatecas y Michoacán. Murió en acción en 1817. A él corresponde la calle en la capital mexicana.

VICKI. Latino, es dim. de Victoria o Virginia. **Baum**, n. en Viena en 1887. Escritora de origen judío, autora de *El ángel sin cabeza*, ambientada en México. Vivió una época en Guanajuato para conocer el medio de sus personajes. Gran aficionada a los hongos comestibles mexicanos.

VIDAL. Latino, *que tiene vida*. **Alcocer**, n. en la ciudad de México, fue encuadernador, armero, militar insurgente, fundó una sociedad de beneficencia y sostuvo 33 escuelas para niños pobres, con grandes esfuerzos./ **Garza Pérez**, luchador social regiomontano, n. en 1866. Miembro del Partido Liberal Mexicano, fue encarcelado en 1903. Unido a los Flores Magón, luchó contra Victoriano Huerta. Presidente de la Suprema Corte con Carranza.

VIRGILIO. Latino, significa *puro, inmaculado*. **Publio Virgilio Marón**, poeta latino representante de las ideas imperiales de Augusto; autor de las *Églogas* y el poema épico *La Eneida*, una de las mayores obras de la antigüedad./ **Uribe,** héroe de la defensa de Veracruz en 1914. Cadete de la Escuela Naval Militar, bajo las órdenes de Azueta, fue herido durante el asedio de las tropas estadounidenses.

VIRGINIA. Latino, fem. de Virgilio. **Manzano**, actriz tapatía n. en 1912. Se inició como bailarina en la compañía de José Campillo; luego, dama joven con las hermanas Blanch, primera actriz en la Universidad Veracruzana y el INBA. En: *Señoritas a disgusto, El gesticulador, El tejedor de milagros*. Medalla Eduardo Arozamena en 1978 por 50 años de labor.

VITO. Italiano, apócope de Victorio, el vencedor. **Alessio Robles**, ingeniero saltillense n. en 1879. Combatió a los yaquis y a los maderistas. Encarcelado por los huertistas, se unió a Carranza y fue diputado, senador y presidente del Partido Antirreeleccionista. Escribió numerosas obras históricas y literarias./ **Corleone**, personaje principal de la novela de Mario Puzo *El padrino*, cobró popularidad en los 70.

WALTER. Germánico, *Guerrero*. **Buchanan**, Ingeniero n. en la ciudad de México en 1906. Fue secretario de Comunicaciones en 1958 - 64. Estableció el primer canal cultural (11) de América Latina en 1959 y promovió la Comisión Nacional del Espacio Exterior./ **Disney**, Dibujante norteamericano n. en Chicago en 1901, hijo de catalanes. Hizo su primer cine animado en 1926 con el Ratón Miguelito. Fundó una productora y buscó perfeccionar la técnica. Hizo el primer largometraje animado *Blanca Nieves* en 1938. Creó el parque de diversiones Disneylandia en 1954./ **Lantz**, dibujante estadounidense, n. en 1901. Productor de dibujos animados, creó personajes como *El pájaro loco, Andy Panda, El pingüino Willy*. Recibió en 1970 un Oscar por la labor de su vida.

WENCESLAO. Latino eclesiástico, debe escribirse con **V**. Del checo *El más glorioso*. **San**, Nieto de Santa Ludmila y duque de Bohemia en el s.X./ **Roces**, Abogado español n. en

Oviedo en 1897. Extraordinario estudiante, enseñó derecho en Madrid, fue subsecretario de Instrucción Pública. Desterrado tras la guerra civil, llegó a México en 1948. Profesor en Filosofía y Letras de la UNAM.

WILBERTO. Del germánico Wigbert, *El que brilla en la victoria*. **Cantón**, abogado n. en 1925 en Mérida, Yuc. Ocupó diversos puestos en la UNAM y destacó como periodista, dramaturgo, novelista y ensayista. *Nosotros somos Dios, Nota roja, Tan cerca del cielo*.

WILLIAM. Guillermo en inglés. **Conrad**, actor estadounidense n. en 1921. De reparto en cine (*Asalto a Las Vegas, Los asesinos*) triunfó en televisión como *Cannon*. Su última serie: *Jake y el gordo*./ **Walker**, aventurero norteamericano n. en 1824. Médico, periodista y abogado, invadió Baja California y se proclamó presidente de la República. Decretó la anexión de Sonora. Invadió Nicaragua en 1855 y tomó el poder cometiendo toda clase de atropellos. Fue ejecutado en 1860 en Honduras.

XAVIER. Manera arcaica de escribir Javier. **Campos Licastro**, médico mexicano n. en 1920. Se convirtió en leyenda viva del toreo. Fundó la Sociedad Internacional de Cirugía Taurina, de la que es presidente vitalicio./ **Campos Ponce**, periodista n. en la Ciudad de México en 1908. Fundador de la cooperativa de *La Prensa*, donde fue redactor hasta su muerte en 1968. Autor de *Madero y la prensa, Efectos económicos de la publicidad, Los Yanquis y Sandino*.

XICOTÉNCATL. Náhuatl, caudillo tlaxcateca, luchó contra Hernán Cortés, pero fue vencido.

XIMENA. También con **J**, fem. de Jimeno, español antiguo, del hebreo *Simeón*. **Doña**, esposa del Cid Campeador.

XÓCHITL. De origen náhuatl, significa flor. Se derivan muchos nombres compuestos.

. . . .

YAGO. Latino, derivado de *Jacobus*, en Shakespeare, forma medieval galesa de *Jacobo*. Personaje del drama *Otelo* de Shakespeare, prototipo del calumniador, estimuló los celos del protagonista y la muerte de Desdémona.

YURI. De origen eslavo. **Gagarin**, el primer cosmonauta soviético, n. en 1936. En 1961 fue el primer hombre que voló en el espacio exterior en una cápsula. Murió en un accidente de aviación a los 44 años.

YURIDIA. Tarasco. **Valenzuela**, cancionista popular veracruzana, *Yuri*. Se inició como vocalista del grupo Nuevo Astro, de sus hermanos. Después, solista como cantante juvenil. Ha filmado dos películas, una de ellas basada en su propia historia.

• • • • • • • • • • • • • •

ZACARÍAS. Hebreo. *Yahvé se acordó.* Profeta bíblico del s. VI A.C. tras su destierro en Babilonia. Se celebra el 6 de septiembre./ También se usa como apellido, en **Miguel**, director de cine mexicano, de los 40 y 50, *Soledad, La vorágine, El dolor de los hijos.*

ZAID. Secretario de Mahoma, vivió en el s.VII. Fue el primero de los cuatro califas que sucedieron al profeta árabe./ También se usa como apellido, como en **Gabriel**, poeta y ensayista mexicano n. en Monterrey. Autor de *Cómo leer en bicicleta, Demasiados libros* y la antología *Ómnibus de poesía mexicana,* entre varios más.

ZARATUSTRA. Sacerdote persa n. en el s. VI A.C. fundador del zoroastrismo, religión oficial de Persia hasta la conquista árabe en el s. VII.

ZENOBIA. Griego, genitivo poético de Zeus. *La que recibió la vida de Zeus.* **Séptimia**, reina de Palmira, vivió en el s. III. Esposa de Ordenato Séptimio, ascendió al poder a la muerte de éste. Extendió sus dominios del Mediterráneo al Éufrates. Fue derrotada por Aureliano y deportada a Roma.

ZENÓN. Griego, genitivo poético de *Zeus, Júpiter.* Filósofo griego, fundador de la dialéctica, según Aristóteles./ Emperador de Oriente, n. en 430. Llamado "el Isáurico". Nombrado por León I, casó con su hija, y gobernó entre conspiraciones y guerras civiles fomentadas por sus propios familiares. Promulgó el Edicto de Unión que pretendía la pacificación religiosa.

ZITA. Forma toscana antigua de *Muchacha*. **Santa**, protectora de las sirvientas n. en Lucca, Italia, en 1218. Jacopone de Todi la menciona en un poema. Se celebra el 27 de abril./ **de Borbón**, emperatriz de Austria n. en Viareggio, Italia, en 1892. Esposa de Carlos de Habsburgo, quien subió al trono en 1916, procuró la paz con la Entente. Al caer la monarquía, trató de recuperar el trono de Hungría.

ZOE. Del griego *Vida*. Emperatriz de Oriente n. en 980. Hija de Constantino VIII, casó con Romano II, a quien mandó asesinar. Luego reinó sola hasta casar con Constantino IX.

Abreviaturas empleadas en esta edición

A.C. antes de Cristo
ca. *circa*, alrededor de
dC. después de Cristo
fem. femenino
m. muerto
masc. masculino
n. nacido
s. siglo

• • • • • • • • • • • • • •

BIBLIOGRAFÍA

Alvarez, José Rogelio, dir. **Enciclopedia de México**, México, Coed. Enciclopedia de México - SEP, 1987.

Ayala, Roberto Arturo, **Más de cien años de cine**, México, 1995.

Ortiz Barili, Héctor, dir. **Mayor diccionario enciclopédico de lengua castellana**, Buenos Aires, Ed. Códex, 1963.

Rahola, Frederic, dir. **Enciclopedia Teide**, Barcelona, Ed. Teide, 1977.

Tibón, Gutierre, **Diccionario etimológico comparado de nombres** *propios de persona*, México, FCE, 1986.

• • • • • • • • • • • • • •